논술비법

논술비법

진형준

살림

차례

마음의 준비

책 읽기에 대한 편견》 어떻게 해야 좋은 글을 쓸 수 있을까? 어떻게 해야 논술 시험에서 좋은 점수를 얻을 수 있을까? 참으로 막막해 보이는 질문이다. 그렇기에 그만큼 정답도 많고 비법도 많다. 그 중 가장 대표적인 것이 우선 많이 읽으라는 충고, 즉 많이 읽는 것만이 좋은 글쓰기의 비법이라는 충고다. 그래서 학생들은 선생님이나 선배들이 권하는 좋다는 책을 열심히 사다가 읽으려고 애를 쓴다. 그런데 도대체 무슨 이야기를 하는지조차도 모르겠고 졸음만 쏟아진다. 이유는 간단하다. 재미가 없기 때문이다.

우리는 편견을 가지고 있다. 책을 읽고 글을 쓰는 일이 한없이 진지한 것이라는 편견 말이다. 물론 책 읽기는 우리의 행동 중 진지한 편에 속한다. 하지만 그런 진지함으로 우리를 이끄는 것은 일차적으로는 호기심이고 재미다.

어린 시절 나는 만화책을 통해 세상을 보았고, 만화책을 통해 사람을 이해했다. 하지만 세상을 이해하겠다는 진지한 목표를 가지고 만화책을 손에 잡은 것은 아니었다. 그냥 재미있었기 때문에 읽었다. 그러다가 자연스럽게 책에 빠져들게 되었다. 그 책들은 바로 삼국지나 수호지 같은 소설들이었고, 거실 책장에 꽂혀 있던 한국문학전집이나 세계문학전집이었다. 여러분들은 이상하게 생각할지 모르겠지만, 내가 그런 책에 빠져 있으면 이내 어머니의 꾸중이 떨어지곤 했다. 하라는 공부는 안 하고 또 소설책이나 들여다보느냐는 것이었다. 그래도 나는 이불 밑에 숨어서 책을 읽었다. 재미있었기 때문이다.

책 읽기는 재미있다?! 》 그런데 요즘은 사정이 바뀌었다. 책을 읽는 일이 의무적인 공부처럼 되어 버렸다. 그래서 아이가 책을 손에 들고 있으면, 부모는 일단 안심을 하고 대견해 한다. 사실 우리 주위에는 책을 읽는 일보다 재미있는 일들이 예전보다 훨씬 많아졌다. 다양한 텔레비전 프로그램이 여러분의 시선을 사로잡고, 새로 나온 영화와 컴퓨터 게임, 그리고 인라인 스케이트와 같은 레포츠가 여러분을 유혹한다. 따라서 책이 주는 재미에 빠져들기 힘들다. 하지만 분명히 책은 재미있고, 또 재미있어야 한다.

책은 사람이라면 누구나 가지고 있는 욕구, 즉 그 무엇에 대하여 더 잘 알고 싶은 욕구를 채워주면서 우리를 즐겁게 한다. 가만히 생각을 해보자. 여러분도 아버지 혹은 선생님만큼 또는 아버지나 선생님보다 더 많이 알고 싶다는 욕구를 가져본 적이 있을 것이다. 뿐만 아니라 새로운 사실을 알게 되었을 때 한없이 기뻤던 경험을 한두 번 정도는 가져보았을 것이다. 그런 지식이 무슨 쓸모가 있을까 하는 문제와는 상관없이 그냥 기쁜 것이다. 책이 주는 즐거움은 바로 그런 즐거움이다.

논술은 하루아침에 이루어지지 않는다》 논술 공부는 바로 그런 즐거움과 호기심으로부터 출발하는 것이다. 그리고 그렇게 호기심과 즐거움으로부터 출발해서 얻은 교양과 지식을 바탕으로 자신의 느낌과 생각을 다른 사람에게 효과적으로 전달하는 훈련이다. 그런데 논술을 다른 교과목과 같은 공부로 생각하기 때문에 단시일 내에 마음을 다잡고 마스터하겠다는 엉뚱한 생각을 갖게 된다.

단언하지만 단시간 내에 논술을 마스터하겠다고 마음먹었다면, 논술 시험에서 좋은 점수를 얻는 것은 아예 포기하는 게 낫다. 논술은 단기간에 지식을 습득해서 되는 공부도 아니고, 단기간에 요령을 익혀서 정복이 되는 과목도 아니다. 논술은 몸에 익힌 평소의 습관이 저절로 배어 나오지 않으면 성공을 거두기 힘들다. 글쓰기의 요령이라든지 논리에 대한 공부는 그 다음의 문제이다. 글쓰기는 세상 읽기와 글 읽기에 대해 재미를 느끼는 훈련부터 시작한다는 사실을 여러분은 명심해야 한다.

누가 책을 읽을까?》 한편으로는 정보화 시대에 책을 뭐하러 읽으며 글쓰기가 뭐 그리 중요하냐고 생각하는 사람도 많다.

그러나 한번 생각해 보라. 아무리 우리가 정보화 시대 속에서 살아간다고 하더라도 자신의 의사를 글이나 말로 분명하게 표현하는 것은 언제나 중요하다. 대인 관계는 말할 것도 없으며 직장에서 보고서를 내는 경우, 업무 상대방과 상담을 하는 경우에도 그 일의 성공과 실패를 좌우하는 것은 얼마나 요령 있고 설득력 있게 글을 쓸 수 있고 말을 할 수 있느냐는 것이다. 그뿐만이 아니다.

질문 하나 하자. 요즘 우리나라에서 누가 가장 책을 많이 읽을까? 바로 전문경영인, 즉 CEO들이다. 그들은 한 달에 수십 권씩 필요한 책을 읽으며 세상을 파악하고 미래를 준비한다. 책이 주는 통찰이 수십 수백 억의 이익을 창출해낸다는 것을 그들은 알고 있다. 아무리 정보화 시대라고 해도 책이 주는 지혜를 결코 소홀히 해서는 안 된다는 것을 그들이 증명하고 있는 것이다. 이렇게 본다면 논술을 공부하고 책 읽기에 취미를 붙여가는 것은 결국 여러분의 미래를 착실하게 준비하는 작업인 셈이다.

책과 친해져라 〉〉 그렇다면 책에 재미를 느끼기 위해 내가 좋아하는 책을 어디 한번 골라 볼까? 그러나 곧 어지러워진다. 너무 종류가 많다. 서점에 가면 각종 분야의 다양한 책들이 현란하게 전시되어 있다. 어디부터 손을 대야 할지 알 수가 없다. 그러니 아무런 준비가 안 된 채 무작정 서점에 가서 책을 고르려고 하는 것은 대여섯 살 된 어린아이가 자기 머리보다 큰 농구공을 들고 경기장에 나가는 것과 같은 짓이다. 처음부터 어려운 책에 달려들기보다는 당장 자신이 가장 흥미로워하는 것에 대해 호기심을 채워 줄 주변의 자료들을 이용하라. 스포츠 신문도 좋고 인터넷의 각종 정보도 좋다. 자기가 좋아하는 분야의 마니아가 되는 것, 이것이 바로 책으로 다가가는 첫 단계이다.

그 첫 단계의 단추를 잘못 끼우면 책은 의무가 되고 이내 지겨워진다. 그러나 내가 좋아하는 것에 푹 빠져 그것에 대한 지식을 쌓고 깊이 있는 생각을 하다 보면 저절로 책과 친해지고 자신의 견해가 생긴다. 그러다 보면 관심의 폭이 넓어지면서 현란해 보이기만 하던 책들의 맥락이 보이기 시작한다. 논술은 자신이 좋아하는 것에 대한 교양과 지식을 쌓으면서 시작해야 한다.

족집게는 도박이다!》 논술을 준비하는 학생에게 또 다른 만능열쇠처럼 주어지는 것이 많이 써보라는 충고다. 어느 정도 일리가 있는 말이다. 글을 잘 쓰려면 숙달의 과정이 중요하기 때문이다. 그러나 바로 그 이유 때문에 글쓰기에도 체계적인 훈련이 필요하다. 자신의 생각을 효과적으로 전달하는 방법을 배우지 않고서 글만 백날 써봐야 말짱 헛일인 셈이다.

무조건 많이 읽고 많이 쓰라는 막연한 충고를 따르려다가 시간만 보내고 헤매기 일쑤다. 그러다가 나중에는 초조해져서 진짜 비법을 찾는다. 이른바 족집게 과외다. 그리고 족집게 선생이 찍은 문제만 달달 외우고 그에 대한 글만 준비한다. 그러나 도박도 그런 위험한 도박이 없다. 똑같은 문제가 나온다면 다행이지만, 조금만 다른 문제가 나와도 어찌할 바를 모르고 횡설수설하다가 시험장을 나오기 십상이다.

원래 논술은 기본적으로 그런 족집게 과외가 필요 없는 문제를 출제하는 것이 기본 요건으로 되어 있다. 논술 시험의 대상은 일반적인 전체 학생이다. 그리고 특정 분야에 대한 전문적인 지식을 묻는 것은 논술의 목표가 아니다. 책 읽기와 경험을 통해 학생들이 습득한 일반적인 교양의 정도를 묻고, 그러한 교양을 바탕으로 자신의 생각을 효과적으로 서술하는 능력을 측정하는 것이 논술 시험의 목표다. 따라서 논술 문제는 간단하면서 광범위한 주제를 다루게 되어 있으며, 인용문이 나오는 경우에도 알쏭달쏭한 내용이나 너무 전문적인 내용이 들어 있는 글은 피하기 마련이다. 따라서 논술의 문제는 인간이라면 누구나 부딪히게 되는 일반적인 주제를 중심으로 출제될 수밖에 없다. 그러니 족집게 선생을 찾아 나서기보다는 삶의 본질적인 문제들에 대해 자신의 생각을 확립해 놓는 것이 중요하다. 그런 준비가 되어 있으면 어떤 문제가 나와도 자신 있게 대처할 수 있다.

논술은 공부가 아니다?! 〉〉 논술 공부한다고 책상에 앉을 생각부터 하지 마라. 논술 공부는 수학이나 영어 공부가 아니다. 수학이나 영어 시험은 그 과목에 대해 학생이 갖추고 있는 지식의 정도를 측정하지만, 논술 시험은 사람이 살아가며 겪게 되는 보다 본질적인 문제에 대한 학생들의 가치관과 그것을 표현하는 능력을 측

정한다. 따라서 논술에 대비하려면 세상에 대한 관심과 함께 자신만
의 시각이 필요하다. 또한 그런 시각을 갖추기 위해서는 평소 사고
력을 기르는 훈련을 꾸준히 해야 한다. 억지로 책상에 앉아 있을 필
요가 없다. 침대에 누워서도, 텔레비전을 보면서도, 친구들과 놀면
서도, 컴퓨터 앞에 앉아서도 논술 공부는 할 수 있다.

그러나 바로 그 때문에 논술 준비는 끈기를 필요로 한다. 그러한
끈기를 습득하고 자신의 사고 과정을 보다 효율적으로 만들기 위해
이 책을 활용하고, 이 책이 권하는 대로 해보라. 논술이 그렇게 막연
하고 어려운 것만은 아니라는 사실을 깨닫게 될 것이며, 삶의 이치
에도 어느 정도 눈을 뜨게 될 것이다. 또한 사람들을 만나 대화하는
일, 자신의 생각을 글로 표현하는 일에 재미를 느끼게 될 것이다

축구에 대해 유식해지는 공부, 축구를 잘하기 위한 공부 》 여러분이 논술을 공부하는 것은 논술이 무엇인지 논리
가 무엇인지를 공부하는 것이 아니다. 자신의 의사를 글로 표현하
는 습성을 몸에 익히는 훈련이다. 비유를 든다면 축구에 대해 유식
해지는 공부를 하는 것이 아니라 축구를 잘하기 위한 공부를 하는
것이다. 이 책에서 권하는 체계적인 방법을 그대로 따른다면, 여러
분은 이제 복잡하기만 한 대형 서점에 가서도 쉽게 자신의 구미에
맞는 책을 고를 수 있게 될 것이고, 그 책을 재미있게 읽을 수 있게
될 것이다. 그리고 책을 읽은 후 자신의 생각을 덧붙일 수 있게 될
것이고, 마침내는 자신의 생각을 훌륭한 글로 표현할 수 있게 될

것이다. 자신의 주장을 논리적으로 전개할 수 있는 능력을 갖추게
되는 것이다. 그러는 동안 여러분은 대학 입시의 당락을 좌우하는
논술 시험에서 좋은 점수를 얻을 충분한 준비가 갖춰져 있음을 알
게 될 것이다.

내가 좋아하는 분야의 마니아가 되라

친구의 고민 ≫ 약 1년 전의 일이다. 어렸을 때부터 가까이 지내던 절친한 친구인 P가 어느 날 저녁을 함께 먹는 자리에서 내게 고민을 털어놓았다. 내가 어릴 때부터 귀여워하던 그의 아들, 고수에 대한 고민이었다. 공부 잘하는 모범생이었으며, 중학교를 우수하게 졸업한 후 이제 고등학교에 갓 입학했다는 것은 익히 알고 있었다.

"아니, 그 앤 정말 모범생이 아닌가? 다들 자네를 부러워하는데. 복에 겨워할 처지에 무슨 고민이 있나?"

"공부야 제법 하지. 말도 잘 듣고. 하지만 녀석이 요즘 걱정이 이 만저만이 아니라네. 녀석의 체질은 문과 체질인데 글 쓰는 데는 영

취미가 없어. 그런데 대학 입시에서는 차츰 논술 비중을 늘려간다는 것 아냐. 나도 그렇고 걔도 그렇고 뭐든지 미리 준비해야 안심을 하는 체질인데, 무얼 어떻게 준비해야 할지 정말 모르겠단 말야.

사설 학원에도 보내고 과외 선생도 붙여 보았지만 내가 보기에도 어림없더라고. 그냥 읽을 책 정해주고 독후감 써내라 하는 정도니. 애는 점점 더 질려가는 눈치야. 그렇게 해서야 무슨 소용이 있을까 싶어. 책 읽는 게 더 싫어지는 것 같더라고. 숙제를 하려고 억지로 읽는 책이 무슨 재미가 있겠나?

그래서 어디 좋은 논술 책 없나 찾아 봤더니 무슨 문장 쓰기 훈련하는 책 아니면 어려운 논리만 가르치는 책뿐이더군. 논술 준비가 하루아침에 되는 게 아니라는 건 나도 잘 알고 있지만, 방법이 없으니 답답할 뿐이야. 자넨 그래도 글쓰기 전문가가 아닌가. 그러니 살려주는 셈치고 우리 애를 좀 봐주게."

기기도 전에 달려라?! >> 하기야 내가 알기로 아이들이 논술 공부한다고 매달리는 학습법은 문제가 참 많다. 불쑥 논술 주제를 던져 주고 무조건 써보라는 숙제를 낸다. 그러나 알아야 면장을 한다고 아무런 지식이나 상식도 없는 아이에게 무조건 논술 숙제를 내주는 것은 아이에게 논술과 아예 친해지지 말라고 하는 것과 같다. 더욱이 문제가 무엇인지 파악도 못 하는 아이에게 자신의 의견을 제시해 보라는 것은 급해도 너무 급했다.

그런 숙제를 몇 번 내준 후에는 대뜸 논술의 요령을 가르친다.

개요, 서론, 본론, 결론 쓰는 요령, 문단의 구성 요령 등등을 아이에게 달달 외우게 한다. 기지도 못하는 아이에게 달리기를 가르치는 격이다. 개요나 문단 구성 등의 요령은 말 그대로 요령일 뿐이다. 그런 요령은 한참 후에 배워도 늦지 않다.

그런가 하면 논술을 위한 기본 상식이나 지식을 가르친다고 논리나 철학을 공부시키기도 한다. 그러나 논술은 철학 시험도 아니고 논리 시험도 아니다. 기본적으로는 글쓰기 훈련이다. 그리고 글쓰기 훈련을 위해서는 글 읽기 훈련이 먼저 되어야 한다.

나는 친구에 대한 의리와 내가 귀여워하던 녀석을 향한 애정에서 그 애를 내게 한 번 보내보라고 덜컥 승낙해 버리고 말았다. 무거운 짐을 떠맡게 된 것이다. 지금이야 학교의 국어·작문 시간이 가장 재미있고 자신 있는 과목이며, 자기가 들어가기를 원하는 대학에서 논술을 더 비중 있게 다루어 주면 좋겠다고 큰소리를 치고 있는 아이를 보면서 내심 흐뭇해 하고 있지만, 다시 생각해 보면 정말 무모한 결정이었다.

고정관념을 깨라 〉〉 글쓰기를 가르친다는 것은 크게 본다면 사고를 훈련시키는 것을 뜻하며, 자신의 사고를 언어를 통하여 효과적으로 남에게 전달하는 방법을 가르치는 것을 의미한다. 따라서 내가 고수의 논술을 가르치겠다고 나선 것은 그 아이의 사고 방식의 틀을 만드는 데 일조를 하겠다는 것이고, 그것을 표현하는 방식을 가르치겠다는 것과 같았다.

원체 논술 공부는 논리 공부가 아니다. 자기 표현력 훈련이며 자기 의견을 효과적으로 전달하기 위해 교양을 쌓는 과정이다. 아울러 그 과정에서 생각의 깊이와 사고의 타당성을 기르는 공부이다. 따라서 논술 공부는 논리를 공부하는 것이라는 잘못된 생각을 바꾸어야 한다. 논술을 공부한다고 논리 공부부터 시작한다면, 논술과 친해지리라는 기대는 아예 안 하는 것이 낫다. 논술을 제대로 하려면 우선 자신이 좋아하는 분야에 대한 지식을 쌓는 것부터 출발해야 한다.

여러분은 논술 공부가 억지로 하는 지겨운 공부 중의 하나라고 오해를 하고 있다. 그리고 무조건 많이 읽고 많이 쓰는 게 중요하다고 생각한다. 그러나 한 권의 책을 읽어도 재미있게 읽고, 자기가 지금 무슨 책을 읽고 있는지 그 맥락을 이해하는 것이 훨씬 중요하다. 논술을 공부한다는 것은 책을 즐겁게 대하는 태도를 키우고, 그러한 책 읽기를 통하여 자신이 느끼고 얻은 바를 효과적으로 남에게 전달하는 기술을 배우는 것이다.

세상이라는 커다란 책》 그리고 그보다 더 중요한 것은 이 세상 전체가 하나의 책이라는 사실을 깨닫는 일이다. 논술의 비밀은 바로 거기에 있다. 책 읽기는 세상 읽기에서 출발하는 것이며, 아이가 논술에 흥미를 갖게 하는 것은 이 세상에 대해 호기심을 갖게 하는 것과 같다.

그러한 호기심 훈련이 안 된 아이, 수동적으로 주어지는 지식의 암기에만 익숙해 있는 아이에게 기초적인 문장 쓰기와 단락 쓰기를 아무리 가르쳐봐야 모래 위에 집을 짓는 결과만 낳을 뿐이다.

세상 읽기라는 단어가 너무 거창하다고 지레 겁을 먹을 필요는 없다. 자신의 주변에서 벌어지고 있는 모든 일이 바로 세상사다. 자신의 주변에서 벌어지고 있는 일에 대해 조금 더 주의를 기울이고 남들과 똑같이 겪은 일에 대해 자신만의 시각으로 생각하고 말해보는 것, 그것이 바로 논술 비법의 시작이다.

첫 번째 만남 》 친구의 마음이 급했는지 아니면 나를 그만큼 신뢰했는지 바로 다음 날 고수가 내게 찾아 왔다. 이런저런 안부를 물은 다음 단도직입적으로 물었다.

"글 쓰는 게 싫지? 책 읽기도 싫고."
"네."
"그렇지만 글은 잘 쓰고 싶고?"
"네."
"하지만 이제부터 당분간 글쓰기나 책 읽기는 아예 잊어버려. 공부시간에서 아예 빼버려. 그냥 나를 믿고 내가 시키는 대로만 하면 돼."
"……(말똥말똥)"

애가 좀 의아한 표정이다. 믿어라, 짜샤!

"그런데 한 가지만 물어보자. 네가 좋아하는 게 뭐니? 운동이건 음악이건 미술이건 아무거나."

"스포츠는 다 좋아해요. 그렇지만 축구를 제일 좋아해요.(히야~)"

녀석의 표정이 무척 밝아진다. 아마도 축구를 엄청 좋아하는 모양이다.

"그래. 축구하는 걸 좋아하니, 아니면 그냥 축구가 좋니?"

"당근, 하는 것도 좋아하고 구경하는 것도 좋아하죠."

"그러면 너 다음 번엔 나한테 축구에 대해 좀 가르쳐주라. 나도 축구를 좋아하지만 좀 무식하거든. 축구에 관한 것이면 무엇이든지 좋아. 축구의 유래라든지, 월드컵의 역사에 대해서도 좋고 네가 좋아하는 팀이나 네가 좋아하는 선수에 대해서도 좋아."

"그냥 축구 공부만 하면 돼요?(혹시 돌팔이 선생 아냐? 의심스러워…….)"

"(버럭!) 공부는 무슨 공부. 그건 공부가 아냐. 네가 가장 재미있어 하는 것에 대해 조금 더 잘 알려고 하는 것일 뿐이지. 너, 네 취향에도 안 맞는데 억지로 공부를 하면 그 과목이 좋아지든? 아니지? 그치? 그러니까 억지로 숙제한다고 생각하고 하지마. 절·대·로!

너, 축구를 좋아하면 궁금한 게 많이 생기지 않니? 그런데 다른 공부하느라 그런 궁금한 것들에 대해 알아볼 시간이 없었지. 그리고 하라는 공부는 안 하고 엉뚱한 짓 한다고 야단맞을까봐 겁나기도 하고. 너, 스포츠 신문 좋아하겠구나? 이제부터 당당하게 펼쳐놓고 보도록 해. 공부 안 하냐고 야단맞으면 지금 논술 공부한다고 그래. 그래도 뭐라 그러면 나한테 일러.(내가 니네 아빠보다 힘세. 흐뭇~)

　　그리고 당분간 책은 축구에 관한 책만 읽도록 해라. 축구에 대해 알게 되면 알게 될수록 궁금한 게 자꾸 생길 거야. 그때 또 다른 책을 찾아보도록 해라."

　　"축구 책이면 아무거나 돼요?"

　　"그래, 어떤 책이라도 상관없어. 단 한 가지 조건이 있다. 재미없는 책을 억지로 읽으려 애쓰지 말라는 거다. 마음에 맞지 않으면 당장에 던져버려."

　　천부적인 자질은 필요 없다》 논술은 상당한 인내를 가지고 오랫동안 시간을 투자하지 않으면 결코 실력이 향상되지 않는 과목이다. 그러나 논술은 그럴 만한 충분한 가치를 가지고 있다. 자신의 의사를 글이나 말로 분명히 표현하는 능력을 획득해 놓으면, 일단 성공할 준비는 갖추었다고 볼 수 있다. 다시 이야기하지만 직장에서 보고서를 내는 경우, 업무상 상대방과 상담을 하고 의견을 교환하는 경우에도 그 일의 성공과 실패를 좌우하는 것은 얼마나 요령 있고 설득력 있게 글을 쓸 수 있고 말을 할 수 있느냐는 것이다. 논술을 공부하고 책 읽기에 취미를 느끼면서 우리는 우리의 미래를 준비하는 셈이다.

　　그러나 그러한 논술의 중요성 때문에 대부분 논술을 너무 심각하게 생각하고 심각하게 준비한다. 그리고 잘못된 방법으로 인해 실력 배양에 실패하고는 글쓰기의 능력을 일종의 천부적인 자질과 관련 있는 것으로 돌려버린다. 우리 주변의 글을 잘 쓰는 사람, 말을 잘 하는 사람 역시 천부적인 자질을 타고났다고 여겨버린다. 하지만 그 것은 아주 잘못된 생각이다.

프랑스에서 유학할 당시 나는 TV 토론을 즐겨봤다. 그런데 제법 심각한 주제를 가지고 토론이 벌어질 때 스포츠 스타가 토론자로 출연하는 경우를 종종 볼 수 있었다. 놀랍게도 출연한 대부분의 스 포츠 스타들은 아주 논리적으로 자신의 의견을 제시했다. 그리고 상 당히 유식했다. 그러나 우리의 경우, 그런 광경을 목격하기는 무척 힘들다. 운동선수의 인터뷰에서 우리가 들을 수 있는 이야기는 아주 한정되어 있다. 누구누구에게 감사하고 앞으로도 열심히 노력하겠 다는 이야기가 대부분이다.

그렇다면 우리의 운동선수는 외국의 운동선수보다 천부적으로 말을 못하고 무식할 수밖에 없다는 것인가? 절대로 그렇지 않다. 그 런 훈련을 하지 않았을 뿐이다. 그리고 그런 훈련을 하지 않은 것은 말하기와 글쓰기를 너무 어렵게 생각하거나 천부적인 자질로 생각 했기 때문이다.

호기심이 생명이다 》》 여러분 주변에는 분명히 남보다 책 읽 기를 좋아하고 남보다 속 깊은 생각을 하는 학생들이 있다. 그리고 그 학생들이 책을 많이 읽어서 생각이 깊어지고 글을 잘 쓰게 된 것도 사실이다. 그러나 그런 학생과 여러분 사이에 그렇게 큰 차이가 있는 것은 아니다. 단 하나의 차이가 있을 뿐이다. 그것은 호기심이다. 궁금한 것을 책에서 찾아보는 것이 재미있었고, 재미있다 보니 알고 싶은 것이 더 생겼고, 그러다 보니 책이 더 좋아진 것뿐이다.

그렇다면 아무것에도 호기심과 흥미를 느끼지 않는 사람이 있는가? 사람이라면 누구나 한두 가지 좋아하는 것은 있는 법이다. 자신이 좋아하는 것에 대해 더 많이 알려고 노력하는 태도, 그것이 논술 공부의 첫걸음이다.

두 번째 만남 >> 일주일 후에 고수가 다시 나를 찾아 왔다. 상당히 밝은 얼굴이었다. 자랑하고 싶어 죽겠다는 표정을 보니 아마 내게 과시할 지식을 상당 부분 갖춘 모양이다. 표정관리 좀 해라.

"그래, 축구에 대해 더 잘 알게 됐니? 나도 좀 유식해지게 이야기를 좀 해줄래?"

"물론이죠. 함 들어보세요.(뿌듯뿌듯!! 으쓱으쓱!!)"

고수는 내게 축구의 역사, 유럽과 남미의 프로 축구 현황, 선수들의 동향에 대해 슬쩍슬쩍 질문을 던지기만 해도 이야기 보따리를 술술 풀어놓았다. 그리고 우리나라 프로 축구팀과 선수에 대해서도 상세한 지식을 늘어놓았다. 오! 놀라워라~

"대단하구나. 많이 배웠는걸. 그래, 축구에 대해 그렇게 유식해지니까 기분이 어떠냐?"

"참 신기해요. 그 전에는 그냥 그날그날의 경기 결과 같은 것만 신문에서 보고 좋아하는 팀이 이기면 기뻐했거든요. 물론 지면 기분 더러워지고…… 뭐 그런 정도였는데…… 축구에 대해 자세히 알게 되면 될수록 궁금한 게 자꾸 더 생기더라구요. 인터넷이나 책에서 궁금한 것을 알아보고 싶어지기도 하구요.(이런 제 자신에게 놀랐어요. 쓰다듬어줘~)"

"바로 그거야. 그냥 좋아하는 게 아니라 자기가 좋아하는 것에 대해 조금 더 알고 싶은 호기심을 키우는 거. 그거거든. 묘하지 않니? 다른 공부는 의무로 하게 되는데, 자기가 좋아하는 것에 대해서 더 알고 싶어져서 하는 공부는 지겹지 않단 말이지. 그게 바로 자발성이라는 거야.

앞으로 축구를 그런 식의 호기심으로 보게 되면 저절로 축구 도사가 되는 거야. 쓸데없이 축구 도사는 되어서 뭐하나 하는 생각은 아예 하지 마라.(녀석의 표정이 좀 그랬다. 믿으라니까, 좀!) 그런데 그렇게 지식을 쌓는 것만으로는 불충분해. 축구가 더 재미있어지려면 약간의 노력이 더 필요하지. 이제는 축구를 둘러싸고 생기는 문제들에 대해 곰곰이 생각해 보는 훈련을 하는 거야."

천릿길도 한 걸음부터 〉〉 어느 한 분야의 마니아가 되는 것은 쉽다. 그것은 자기가 좋아하는 분야에 대해 좀더 잘 알고 싶다는 적극성만 가지면 되기 때문이다. 애당초 매사에 뜨뜻미지근해서 자기가 정말 좋아하는 것은 하나도 없다고 생각한다면 논술 공부는 애당초 시작할 필요가 없다. 글쓰기의 시초는 호기심에서 비롯되는 것인데, 아무것에도 호기심이 없다면 아예 글을 잘 쓰겠다는 꿈은 버리는 것이 좋다.

우리가 좋아할 만한 것은 주변에 지천으로 널려 있다. 스포츠뿐만이 아니라 영화, 음악, 자동차, 춤, 무술, 바둑 등 너무나 많다. 사람이라면 누구나 그 중 한 가지에 취미를 가지게 마련이다. 논술 공부는 일차적으로 자기가 좋아하는 분야에 대해 전문가처럼 되는 것을 목표로 출발하면 된다. 다른 공부 때문에 그런 것에 매달릴 시간이 없었는데 논술 시험이 그 시간을 주었다고 생각하라. 그러면 논술 시험을 오히려 고마워하게 된다.

논쟁에 참여하라》 하지만 하루아침에 꼭 마니아가 될 필요는 없다. 자기가 좋아하는 분야에 대해서 누구하고든 어느 정도 이야기를 나눌 지식을 갖추었다고 생각되면 바로 다음 단계를 병행하라. 즉, 계속 지식을 쌓으면서 논쟁거리를 준비하고 논쟁에 참여하는 것이다. 논쟁거리라는 말에 대해 너무 겁먹을 필요는 없다. 이제까지 일반적인 지식을 갖추었다면, 이제 그 지식에 대해 자신의 생각을 조금씩 덧붙이는 훈련을 하라는 말이다.

축구의 예를 들자면 감독의 작전, 최우수 선수의 선정 문제, 최후의 승자에 대한 예측 문제, 선수의 이적에 대한 문제, 심판 문제 등 축구에 흥미가 있는 사람이라면 관심을 갖고 생각해 보아야 할 문제

는 언제나 발생한다. 스포츠 신문을 봐도 그런 문제를 제기한 기사
는 쉽게 발견할 수 있다. 그리고 인터넷에서 스포츠 신문 홈페이지
를 찾아 들어가 보면 독자의 의견을 묻는 독자 투표란이 거의 항상
마련되어 있다. 그리고 그것은 아주 중요한 논쟁거리를 제공한다.

　스포츠 신문 홈페이지를 매일 접속하면서 독자 투표에 항상 참여
하라. 그러나 단순히 투표만 하는 것으로 끝내지 말고, 자신이 왜
그런 선택을 했는지 나름대로 논거를 마련하라. 예를 들어 올해 최
고의 외국인 선수는 누가 되겠느냐는 설문에 참여한다고 치자. 그러
면 자기는 왜 A라는 선수를 꼽는지 그 이유를 생각하고, 남에게 그
이유를 설명할 수 있도록 해보라는 것이다.

　축구는 무엇보다 골 결정력이 최고라든지, 어시스트가 제일 중요
하다든지, 전체의 팀워크가 중요하다든지 하는 자신만의 의견이 있
을 것이고, 그 이유 때문에 그 선수가 선정되는 것을 당연하게 생각
한다고 남에게 이야기해 보는 것이다. 그리고 그러한 논쟁의 근거로
축구에 대해서 자신이 알고 있는 지식을 동원할 수 있으면 금상첨화
다. 축구의 기원이라든지 축구사의 사건들이라든지, 축구에 관한 그
어떤 지식이라도 좋다.

　또 다른 예를 들어보자. 자기가 좋아하는 팀의 선수가 연봉 문제
로 구단과 마찰을 빚는 경우는 언제고 생길 수 있다. 그 경우 남의
일 보듯이 무심코 넘기지 말고, 팀 성적이 먼저일까 아니면 개인 연
봉이 먼저일까 라는 문제점을 놓고 남들과 의견을 교환하면서 자신
의 생각을 가다듬어 보아라.

아는 만큼 보인다 》》 그러다 보면 몇 가지 소득이 생긴다. 하나는 세상에 생각해 볼 문제는 지천으로 널려 있다는 사실을 발견하게 된다는 것이고, 또 하나는 살아가면서 겪게 되는 문제들에 대해 자신의 생각을 조리 있게 표현하는 능력이 길러진다는 것이다. 그 이전에는 아무 생각 없이 단순하게 지나쳤던 문제들에 대해 깊이 있게 생각하는 훈련을 하게 된다는 것도 중요한 소득이다. 축구의 경우에도 그러한 설문에 응하면서 자신의 의견을 가다듬다 보면, 축구가 전과는 달라 보이고 훨씬 재미있게 여겨질 수 있다.

스포츠뿐만이 아니다. 영화나 음악 등의 분야에서도 마찬가지의 논쟁거리는 얼마든지 마련하고 접할 수 있다. 영화의 경우에도 단순히 좋았다, 안 좋았다 라는 식의 간단한 품평보다는 대화 상대를 만들고 그 영화의 무엇이 좋았는지 여러분의 견해를 남에게 설득력 있게 전달하는 훈련을 하라. 배우는 어땠는지, 내용은 어땠는지, 내가 감독이라면 결말을 어떻게 처리했을지 등에 대하여 생각해 보라. 그러면 자신도 모르게 영화에 관한 책을 뒤지게 될 것이고, 신문의 연예란도 다른 시각으로 바라볼 수 있게 될 것이다.

만화도 마찬가지이다. 많은 부모들은 아이가 만화책을 들고 있으면 질색을 한다. 하라는 공부는 하지 않고 시간만 낭비한다고 야단을 친다. 하지만 만화는 아이들이 책에 대해 호기심을 갖기 전에 거의 필연적으로 거치게 되는 단계이다. 여러분이 컴퓨터 게임보다 만화를 더 좋아한다면 그만큼 논술 공부에 유리한 조건을 갖춘 셈이라고 자부심을 가져도 된다. 또한 이제부터 만화를 자신 있게 보도록 하라. 그리고 만화의 모든 것을 마스터하겠다는 생각으로 만화에 흠뻑 빠져들어도 좋다.

스파링 파트너 만들기 》 그러나 무엇보다 가장 중요한 것은 자신의 견해를 함께 나눌 이야기 상대를 만드는 것이며, 그러한 대화를 일상화하는 것이다. 고수에게 나는 이제 축구에 대해 생길 수 있는 논란거리에 열심히 참여할 것을 요구했다. 그리고 아이를 보낸 후 아이의 아버지인 P에게 전화를 했다. 그리고 협조를 부탁했다. 논술을 공부한다면서 스포츠 신문을 열심히 읽고 인터넷을 열심히 뒤지더라도 내버려두라는 부탁이었다. 그리고 한 가지를 더 부탁했다. 아이가 축구에 관한 이야기를 하면 열심히 듣고 토론의 대상이 되어 주라는 것이었다. 한마디로 스파링 파트너가 되어 주라는 말이었다. 친구는 아이의 논술은 내게 안심하고 맡겼으니 시키는 대로 하겠다고 선선히 대답했다.

논술을 가르친다고 하면서 나는 처음 몇 달간 아이를 그렇게 내버려두었다. 내가 일일이 아이의 토론 상대가 되는 것이 힘들기도 했지만, 그러한 습관을 일상화시키는 것이 중요했기 때문이었다. 또한 아이 스스로 자발성을 익히고, 자신이 좋아하는 분야에 대한 지적인 탐구에 즐거움을 느끼는 기간이 어느 정도 필요하다고 생각했으므로 몇 달 동안 나는 고수를 만나지 않았다. 물론 아이의 아버지에게 가끔 전화를 해서 고수가 나의 지시를 정확히 이행하고 있는지는 확인했다.(그래도 엄연한 내 첫 번째 논술 제자가 아닌가!)

고수의 경우는 다행히 아버지가 큰 도움이 되었다. 아버지도 스포츠에 관심이 많아서 서로 대화가 잘 통했던 것이다. 축구에 관한 책도 아이에게 열심히 사다 준다고 했다. P는 아이와 대화해야 하는 시간이 많아져 직장 생활에 지장을 받을 정도라며 엄살을 부렸지만, 내심 즐거워하는 눈치였다.

대화 상대를 찾아라 》 논술 공부는 자발성을 가장 중요시하는 만큼 이러한 초보적인 단계에서부터 여러분의 적극성이 요구된다. 여러분의 논술 실력 향상을 위해 도움이 될 만한 사람을 주변에서 열심히 찾고 적극적으로 활용하라.

자신이 좋아하는 분야에 대해 상대방이 자기만큼 전문가일 필요는 없다. 그냥 여러분의 의견을 듣고 간단하게 대꾸할 수 있는 상대면 된다. 형이나 언니, 여동생이나 오빠도 좋고 부모들 중 아무라도 좋다. 이 단계에서 가장 중요한 것은 주변 사람들의 도움이다. 사실 우리 사회는 토론 문화가 성숙되어 있지 않고, 토론에 대한 교육도 활성화되어 있지 않다. 따라서 적당한 토론 상대를 찾는 것이 힘들다.

하지만 논술을 공부하는 것은 타인과의 대화 습관을 익히는 것을 기본 전제로 한다. 때문에 다른 공부는 혼자 할 수 있을지 몰라도 논술 공부는 대화 상대를 찾는 것이 아주 중요하다. 다른 사람과 의견을 교환하면서 자신의 생각을 객관적으로 살펴볼 수 있는 한편, 자신의 의사를 보다 정확하게 전달하는 훈련을 할 수 있다.

우리는 다른 사람과 진지한 대화를 나누기 위해서는 우선 그 주제가 무거워야 하고 자신의 생각이 그럴듯해야 한다는 편견을 가지고 있다. 그러다 보니 그럴듯한 주제를 찾고 그럴듯한 생각을 짜내느라 있는 그대로의 솔직한 의사를 활발하게 나타내지 못한다. 심지어는 자신의 생각을 감추기까지 한다.

그러나 대화에서 정작 중요한 것은 자신의 의사를 솔직하게 표명하고 상대방의 의사를 경청하는 것이다. 그래야 표현력이 길러지고 사고력도 깊어진다. 그리고 우리가 아무렇지도 않게 넘겨버리는 사소한 일상사를 의미 있는 것으로 만드는 능력도 생긴다. 우리가 진지하게 받아들이는 '책'이라는 것도 사실은 우리가 살아가면서 일상적으로 경험하고 느낀 것들에 대한 성찰을 바탕으로 씌어진 것이다. 진지한 책을 쓰기 위해 하찮은 것들을 무시하고 팽개쳐서 얻어진 것이 결코 아니다.

제1단계의 간단한 세 가지 요령

🔆 첫째, 자신이 좋아하는 것에 대해 마니아가 되라. 남보다 어느 부분에서 좀 유식하고 해줄 수 있는 말이 많은 것이 하나만 있으면 된다. 하루 한 시간 씩, 아니면 삼십 분 정도를 투자하면 얼마 지나지 않아 자기가 좋아하는 분야 에 대해 상당한 전문 지식을 갖출 수 있게 될 것이다.

🔆 둘째, 자신이 좋아하는 부분에 대해 논란거리를 많이 만들어라. 스포츠 신 문이나 인터넷에서 논란거리는 얼마든지 찾을 수 있다.

🔆 셋째, 자신의 생각을 남과 교환하라. 아버지나 어머니, 혹은 형이나 여동 생, 언니 누구라도 좋으며 마음이 맞는 친구도 좋다. 단, 정기적이라야 한다.

관심의 영역을 넓혀라

세 번째 만남〉〉 몇 달 후 나는 고수를 불렀다. 그리고 히딩크 이후에 앞으로 다가올 월드컵 축구대표팀 감독을 누구로 정해야 하는가의 문제를 놓고 진지하게 토론을 벌였다. 축구에 대해서는 고수가 나보다 훨씬 전문가였기에 당연한 결과였지만 나는 고수에게 설득당했다. 녀석은 논술 선생을 설득시킬 수 있었다는 것에 너무나 신이 난 모양이었다.

"제법이네. 어때, 좋아하는 분야에 대해 공부를 하니까 책 읽기도 그렇게 지겹지 않지? 축구가 더 재미있어지고 너, 축구에 대해 남보다 더 잘 알게 되니까 그에 관한 대화가 나오면 신이 나지? 적극적이 되면서 좀 우쭐대기도 했을걸. 너는 축구에 대해 아무것도 모르고 그에 대해 흥미를 못 느끼는 아이보다는 훨씬 세상을 재미있게 사는 셈이 된 거란다.

우리가 세상을 살아간다는 건 그와 똑같은 거야. 호기심과 흥미를 느끼는 분야가 많을수록 그렇지 않은 사람보다는 세상을 훨씬 재미있고 풍요롭게 살 수 있는 셈이지.

책이란 것은 이 세상에 대해 호기심을 지닌 사람들이 나름대로의 생각을 기록해 놓은 거야. 책에는 사람이 세상에 태어나 한평생을 살아가면서 당연히 가져야 할 호기심과 질문들과 그 답들이 다양하게 들어 있다고 보면 되는 거지.

우리는 책을 읽으면서 책을 쓴 사람이 가졌던 것과 같은 질문에 대해 나름대로 생각을 하고 답을 준비하는 거야. 그건 네가 축구에 대해 흥미를 가지고 이제까지 해온 것과 똑같아. 단지 축구를 사람 살이로 확대했다고 보면 되는 거지. 그렇다면 어떤 책을 읽어야겠니? 축구랑 똑같이 생각해봐."

"재미있는 책을 읽으면 되겠네요, 뭐.(이 아저씬 항상 말이 길어.)"

"바로 그거란다."

"하지만 어떤 책이 재미있을지 감이 잘 안 와요. 선생님이 읽으라는 책은 재미없어요. 신문에 나오는 청소년 필독서도 마찬가지였구요. 읽어보려고 애썼지만 무슨 소린지 하나도 머리에 안 들어오고 졸음만 와요."

"당연한 일이지. 사실 네 나이쯤 되면 네가 좋아하는 책을 스스로 읽을 준비가 되어 있어야 하는 건데. 우리에게는 독서 교육이란

게 없으니 그렇게 될 수밖에. 책이란 게 무엇인지, 내가 읽고 있는 책이 어떤 맥락에 속하는 건지 하나도 가르쳐주지 않고 무작정 책을 읽으라고만 했으니 다들 질릴 수밖에 없지.(쯧쯧)"

맥락을 알고 읽어라>> 그날 나는 고수에게 제법 긴 이야기를 해주었다. 그 이야기를 요약·정리하면 다음과 같다.

✎ 너 자신을 알라 (인문과학)

사람은 다른 동물과는 달리 자신의 존재에 대해 성찰을 하는 동물이다. 자신의 삶에 대한 성찰이 없다면 외양만 사람일 뿐 사람으로서 제대로 살아간다고 할 수 없다. 사람은 그러한 성찰을 통해 인간이란 도대체 어떤 존재인지, 어떻게 하면 만족스러운 삶을 살 수 있는 인간으로 성숙할 수 있는지 끊임없이 모색한다. 또한 그러한 성찰이 깊어지면 우리는 어디로 와서 어디로 가는가, 인간은 죽은 뒤에 어떻게 되는가 하는 근본적인 질문에 도달하게 된다. 문학이나 예술·철학·종교 등으로 분류되는 책들은 이러한 성찰의 기록들이다.

✎ 더불어 사는 삶 (사회과학)

사람은 이 세상에 태어나게 되면 반드시 다른 사람과 어울려 살아가야 하는 동물이다. 사람은 절대로 혼자서 그 생명을 유지해 나갈 수 없다. 그래서 어떻게 하면 많은 사람들이 만족하는 바람직한 사회를 만들 수 있는가, 인간들의 사회는 어떤 과정을 거쳐 현재에 이르렀는가, 인류의 미래는 어떻게 될 것인가와 같은 질문들을 던진다. 사회·경제·역사·정치 등에 관한 책들은 그러한 성찰을 담은 것이다.

✎ 우리를 둘러싼 자연 환경 (자연과학)

한편 사람은 자신을 둘러싸고 있는 자연 환경에 대해서도 끊임없는 호기심을 갖는다. 자연을 지배하는 법칙이 무엇인지, 자연을 위해 인간이 존재하는지 인간을 위해 자연을 이용해야 하는지, 우리를 둘러싸고 있는 자연의 신비는 무엇인지, 인간의 힘으로 자연의 신비를 밝힐 수 있는지 등의 문제들은 인간의 중요한 관심사이다. 자연과학(의학도 포함해서)에 관한 책들은 그러한 관심의 결과들이다.

학교에서 배우는 과목들 〉〉 여기까지 이야기하고 나서 고수에게 물었다.

"자, 내 이야기를 듣고 나니까 뭘 알 수 있겠니?"

총명한 아이는 금방 대답했다.

"우리가 학교에서 배우는 과목들이 다 들어있네요.(여전히 지루

하긴 하네, 뭐.)"

"역시 똑똑하구나. 바로 그거야. 국어·영어 등과 같은 언어는 우리 자신을 잘 알고 남과 잘 지내기 위해 배우는 거고, 문학·국사·세계사·사회·윤리·물리·수학·생물·지리·지구과학 등 어느 과목도 그 범주에서 크게 벗어나지 않아."

"그럼 책을 읽으라는 건 결국 학교 공부를 더 열심히 하라는 거하고 똑같은 거잖아요.(싫어싫어~~지겨워~~)"

"(요녀석 표정이 왜 이래?) 얼핏 보기에는 그렇지. 그런데 사실은 그렇지 않아. 학교 교과목은 사람이 세상을 살아가면서 필히 알아야 할 것들을 고루 갖추고 있는 거라고 볼 수 있단다. 세상살이의 기본을 가르치는 거야. 말하자면 이것저것 고루고루 맛보기를 시킨다고 볼 수 있지. 누구에게나 그런 기본은 필요한 거야. 그런데 어디 사람 입맛이 똑같니? 자신에게 더 맛있는 음식이 있을 수 있잖아. 네가 교과목 외의 책을 읽는 것은 바로 네 입맛에 맞는 음식을 남들보다 좀더 즐기려는 것과 마찬가지라고 생각하면 돼.

아까 내가 해준 이야기를 다시 한번 생각해 보렴. 그렇게 딱딱해 보이는 학문적인 책들까지도 그 출발은 결국 호기심이 아니었니? 그런 호기심은 너희들 누구나 가질 수 있는 거야. 사람과 사회와 자연에 대한 호기심. 그건 네가 축구에 대해 흥미를 느끼고, 그에 대해 더 알고 싶은 호기심을 갖는 것하고 똑같아."

지겨운 공부, 재미있는 공부 》 아이에게는 그렇게 말했지만 나는 학교 교과목의 내용이, 그리고 학교 교육의 모든 내용이 세상살이의 기본으로 이루어져 있다는 것을 아이들에게 제대로 가르쳐오지 않은 것이 우리 교육의 근본적인 잘못이라고 생각한다.

우리는 단순히 조각난 지식을 아이들에게 강요하듯이 주입시켜온 것이 아닌가? 시험 점수를 높이기 위한 지식 주입만이 공부의 목표라고 생각하면서 아이들을 다그칠 때 아이들 스스로 지금 무엇을 공부하고 있는지 맥락을 파악하는 것은 불가능하다. 더욱이 아이들에게 지금 배우고 있는 학과의 내용이 자발적인 호기심의 결과물이라고 납득시키는 것은 더욱 불가능하다.

수동적인 교육에 익숙해진 아이들은 세상살이의 기본 문제로부터 멀어지고 책에서 멀어진다. 세상에 대한 호기심이 생기기도 전에, 사람살이의 기본이 되는 문제들은 모두 지겨운 공부일 뿐이라는 생각이 뿌리 깊이 박히게 된다. 그 때문에 논술 또한 억지로 공부시키는 식으로 가르치려 들 수밖에 없고, 결과적으로는 논술은 아주 어려운 과목이 되어 버린다.

반드시 독서 카드를 작성하라 〉〉 나는 고수에게 가장 재미있는 과목이 무엇이냐고 물어보았다.

"사회가 가장 재미있어요."

"그럼 당분간은 사회에 관한 책만 읽어라. 축구에 관한 책만 읽었던 것처럼. 내가 몇 권을 권해줄 테니 모두 사거라. 만약에 앞부분을 읽다가 재미없으면 다른 것으로 넘어가 버려."

"……(몇 권 사주지…….)"

"너무 꼼꼼히 읽을 생각 말고 대충 읽는다는 것도 명심하고. 논술에서 가장 중요한 게 배경 지식이고 자신의 경험이지만, 무조건 외운다고 배경 지식이 생기는 게 아니거든.

그리고 너, 인터넷 서점 들어갈 줄 알지. 거기 찾아보면 대개 책에 관한 간단한 서평이 나와 있고 독자의 의견도 나와 있어. 그 서평을 뒤지고 인터넷에 올라와 있는 독자의 의견을 참조해라. 그리고 너도 참여해봐. 우선은 책에 익숙해지고 남들과 의견을 나누는 게 중요하거든.

그런데 조건이 하나 있다. 반드시 독서 카드를 만들어야 돼. 독서 카드를 만든다고 해서 너무 거창하게 생각할 필요는 없다. 간단한 메모를 한다고 생각하면 돼.

책 제목과 저자, 그리고 각 장의 제목과 내용을 한 번 적어 보고, 저자가 무엇을 이야기하고 있는지 정리해 보면 돼. 그 다음엔 네 의견을 약간 덧붙여 보는 거지.

카드를 만들고 관리하는 게 귀찮으면 컴퓨터에 파일을 하나 만들어 놓아도 되고. 어때, 그렇게 어렵지 않겠지? 두 가지 사실만 명심하면 돼. 절대 졸음이 오게 하는 재미없는 책을 억지로 읽지 말 것, 그리고 억지로 자신의 생각을 쥐어 짜내려 하지 말라는 거야."

나는 고수에게 우선 청소년 교양 도서 중에서 사회와 역사·정치에 관한 책을 골라 몇 권 권해주었다.

처음부터 너무 어려운 책을 읽지 마라 》》 처음에 시작하는 책은 절대로 너무 전문적인 책이어서는 안 된다. 사회에 관심이 있다면, 사회적으로 큰 업적을 남긴 인물의 일대기를 그린 책도 좋고, 역사적으로 중요한 사건들을 정리해 놓은 책이나 현대 사회의 특징들을 알기 쉽게 설명해 놓은 책도 좋다.

그런 책을 읽으면서 자신만이 이 세상에 홀로 존재할 수 없다는 것, 이 세상은 수많은 사람들의 노력에 의해 만들어지고 유지되고 발전해 왔다는 것을 막연하게라도 깨달으면 된다. 그러한 깨달음이 바로 책을 향한 호기심의 시작이기 때문이다.

그리고 그러한 호기심을 발휘하다 보면 여러분은 자신도 모르게 한 분야의 전문가가 되어 있을 것이다. 논술에서 좋은 점수를 얻으려면 한 분야의 전문가가 되는 것이 무엇보다 중요하다. 논술 시험에 어떤 문제가 출제되든 자신 있게 대처할 수 있느냐 없느냐 하는 것은 자신만의 전문 분야가 있느냐 없느냐에 좌우된다고 보아도 된다.

문학이나 철학에 관심을 가지고 그에 관한 독서를 많이 해온 학생이 역사나 사회 등과 관련된 문제도 쉽게 파악하고 자신의 의견을 제시할 수 있으며, 사회에 대한 관심이나 역사적 지식을 많이 갖춘 학생이 철학적 주제에도 쉽게 접근할 수 있다.

범생이와 개성 》》 그리고 여러분이 좋아하는 분야의 책을 읽고, 그 분야의 전문가가 되어야 할 중요한 이유가 또 하나 있다. 여러분이 제일 듣기 싫어하는 호칭 중의 하나가 아마 범생이라는 호칭

일 것이다.

학교 규칙을 잘 지키고 공부만 열심히 하는 학생을 여러분은 범생이라고 부르며 따돌리기까지 한다. 여러분은 그런 방식을 통해 자신은 어른들이 시키는 일을 수동적으로 따르기만 하는 기계가 아니라는 자부심을 가지려 할 것이다. "행복은 성적순이 아니잖아요" 라고 말하면서 어른들의 말에 대해 저항하려는 여러분의 태도는 자연스럽기까지 하다. 그것은 사람은 누구나 개성이 있으며, 개성을 지닐 권리가 있다는 것을 선언하는 것이다.

그런데 여러분이 자신의 취향에 따라 능동적으로 선택한 분야에서 책을 통해 전문 지식을 획득하고 전문가가 되는 것이야말로 실은 가장 적극적으로 자신의 개성을 획득하는 방법이다. 그것은 기성 세대의 가치에 대해 가장 제대로 반항하는 방법이기도 하다. "논술 공부를 하면서 자신의 개성을 획득하라", 바로 이것이 여러분에게 주어지는 제1의 명제이다.

문학과 논술 》 나는 고수에게 문학 작품은 권해주지 않았다. 소설이나 시를 통해 인간이 필연적으로 부딪히게 되는 삶에 대한 근본적인 물음들을 가장 생생하게 접할 수 있긴 하지만, 아이가 아직 문학을 생소하게 여기고 있을 때 문학 작품을 권하는 것은 역효과를 가져올 수도 있다고 보았기 때문이다.

그러나 언제고 적당한 시기에 아이가 문학 작품을 읽도록 권해주는 일은 절대적으로 필요하다. 문학 작품을 읽으면서 느끼고 배운 것들은 논술문에 활기를 불어넣고 구체성을 부여할 수 있게 해준다. 문학 작품을 통해 여러분은 세상을 보고 이해하는 다양한 시각들을 접할 수 있다. 여러분이 만약 문학에 흥미를 느낀다면 논술을 위해서는 아주 유리한 조건을 갖춘 셈이라고 생각하고, 소설과 시를 열심히 읽어라. 그리고 부모님에게 자신 있게 이야기하라. 논술은 바로 제 손 안에 있어요, 라고.

2단계(읽기)의 몇 가지 요령

☀ 자신이 좋아하는 과목이 무엇인가를 생각하고, 그 분야의 교과서 외의 책을 읽어라.
☀ 맥락을 알고 읽어라.
☀ 교과서를 공부하듯이 꼼꼼히 읽지 말고 대충대충 읽어라.
☀ 반드시 독서 카드를 작성하라.

신문은 요령껏 읽어라

《**말에게 억지로 물을 먹일 수는 없다**》 나는 고수가 논술 숙제를 잘 이행하고 있는지 가만히 지켜보았다. 가끔 아이의 아버지에게 전화를 걸어 근황을 묻는 정도였을 뿐이었다. 약 한 달의 시간이 흘렀다. P로부터 반가운 소식이 전해져 왔다. 아이가 책을 읽는 시간이 늘었으며, 자기가 읽은 책의 내용에 대해 귀찮을 정도로 자주 묻는다는 것이었다.

사실 아이의 자발성을 이끌어내는 지금까지의 단계가 가장 중요하며 논술 공부의 핵심이라고 해도 과장이 아니다. 여러분이 좋은 글을 쓰게 되고 논술 시험에서 높은 점수를 얻으려면 책이 좋아지기까지의 자발적인 노력이 필수적이다. 말을 물가로 끌고 갈 수는 있어도 억지로 물을 먹일 수는 없다. 마찬가지로 책이 아무리 중요하다고 강조하고 좋은 책을 아무리 권해주어도 여러분 스스로 책에 대해 호기심을 느끼지 않는다면 아무 소용이 없다. 그런데 고수는 여기까지 온 것이다.

"녀석이 무슨 책을 읽던지 내버려두고 사달라는 책은 무조건 사줬더니 요새는 글쎄 웬 돈에 대한 책에 그리 관심이 많은지.
돈의 유래, 돈의 역사, 지구상에 존재하는 화폐의 종류 등 녀석이 돈 박사가 됐어. 그래도 되는 건지 모르겠는데 여하튼 돈에 관해서는 되게 유식해졌어. 녀석이 나중에 돈깨나 만지려나……."

P의 말이었다. 나는 고수가 어떻게 해서 돈에 대해 관심을 갖게 되었는지 물어보지 않았다. (보나마나 지 아버지 닮아서 그럴 것이다. 돈 밝히기는 부전자전이다!) 아이가 무엇에 대해 관심을 가졌는가가 중요한 것이 아니기 때문이었다. 우리 주변에서 흔히 볼 수 있는 것, 그래서 아무 생각 없이 지나치기 쉬운 것에 아이가 호기심을 느끼고 그에 대해 자세히 알고 싶은 욕구를 품게 되었다는 것이 중요했다.
사실 그러한 것은 우리 주변에 수도 없이 많다. 우리가 살고 있는 집, 우리가 매일 섭취하는 음식, 우리가 당연시하는 우리의 일상 습관들, 그 어느 것이든 우리가 맘만 먹으면 마치 비밀이라도 털어놓듯 그 유래와 의미를 쏟아놓을 거리는 얼마든지 많다. 문제는 그것이 우리의 호기심이라는 더듬이에 걸리느냐는 것이다.

네 번째 만남 》 자, 이제는 되었다. 이제 본격적으로 논술을 공부해 보기로 하자. 나는 고수를 불렀다.

"너, 신문 좀 읽니?"

"선생님도 그러시고 아빠도 신문을 읽으라고 그러시는데 그럴 시간도 없고요, 어디를 어떻게 읽어야 할지 모르겠어요."

"그럴 거야. 하지만 이제는 신문에서도 네가 좋아하는 분야만 읽도록 해. 네 아버지한테 이야기 들었더니 돈에 관심이 많다고 하더라. 그러면 경제면을 대충대충 훑어보고 흥미 있는 부분만 골라서 읽도록 해라. 하지만 신문은 그 외에도 이용할 수 있는 점이 무궁무진하단다. 단지 그 방법을 모를 뿐이지."

신문에는 기본적으로 시사 문제가 담겨 있다. 그리고 그것만으로도 이용가치가 충분하다. 사람살이의 기본이 되는 문제를 내는 것이 논술 출제의 기본 요건이지만, 그러한 주제도 구체적인 시사 문제에 기대어 묻는 경우가 많기 때문이다. 하지만 그러한 시사성 때문에만 신문이 중요한 것은 아니다.

신문에는 사람살이에서 중요한 것이 거의 다 담겨 있다. 제1면에는 전날 나라 안팎에서 벌어진 일들 중 가장 중요한 일들이 실린다. 이어서 정치, 국제, 문화, 경제, 사회 등의 면이 분야별로 구분되어 있으며, 이슈와 화제들을 다루는 면도 따로 마련되어 있다. 게다가 주말이면 책을 다룬 특별 지면이 발행된다. 신문을 통해 여러분은 세상 돌아가는 일들을 한 눈에 파악할 수 있고, 첨단의 이슈들도 거의 대부분 접할 수 있다.

신문을 효과적으로 이용하는 방법 》 하지만 여러분이 일일이 신문을 붙잡고 매일 서너 시간씩 매달려 있을 수는 없다. 이 때 가장 좋은 방법은 부모님이나 형, 여동생, 언니, 오빠 등 주변 사람을 이용하는 것이다. 하지만 신문을 효과적으로 이용하기 위해 형이나 언니, 오빠의 도움을 얻는 것은 좀 힘이 든다. 형이나 언니는 부모만큼 여러분에게 헌신적일 수 없기 때문이다. 그래서 부모를 이용하는 방법이 가장 좋은 방법이다. 신문을 효과적으로 이용하려면 부모에게 숙제를 주어라.

부모에게 주는 숙제는 간단하다. 그날 읽은 신문 내용 중 여러분에게 도움이 되겠다고 판단되는 기사 내용이 있으면, 반드시 오려서 여러분의 책상에 올려 놓으라는 숙제이다. 그러면 여러분은 그 기사 내용만 읽으면 된다.

오피니언 난 》 부모에게 숙제를 줄 때 신문의 오피니언(특히 칼럼) 난을 가장 중점적으로 참조하라고 일러두어라. 우리는 아이들에게 신문을 읽으라고 하면서 흔히 신문의 사설을 주로 권하는 경향이 있다. 하지만 신문의 사설은 우선 글의 호흡이 짧은 것이 단점이다. 논술 시험이나 수능의 언어 영역에서 다루어지는 문장은 그보다 훨씬 긴 문장들이다. 게다가 신문의 사설은 지나치게 시사 문제 중심으로 되어 있고, 문제에 대한 답을 다소 거칠게 제시하는 글이 대부분이다. 사설을 통해 얻을 수 있는 것도 많지만, 설득력 있는 글을 쓰는 훈련을 하기에는 다소 미흡한 점이 많다.

사설에 비해 오피니언 난에 실린 글들은 대개 길이가 길다. 그리고 무엇보다 실린 글의 분야가 다양하다는 장점이 있다. 가장 첨단의 지식을 전하는 글로부터 정치적 현안에 대한 글까지 온갖 주제가 총망라되어 있다.

게다가 오피니언 난에 등장하는 글들은 우리 사회의 각 분야에서 가장 글을 잘 쓰는 사람들의 글들을 모아 놓은 것이라고 보면 된다. 신문 편집자가 해야 하는 가장 중요한 일 중의 하나가 각 분야에서 글을 제일 잘 쓰는 사람을 찾는 일이기 때문에 그 난에 실린 글들은 여러분이 신뢰를 해도 좋은 글들이다.

독자 토론 마당 》》 오피니언 난과 함께 빠뜨리지 말고 읽어보아야 할 난이 독자 토론 마당이다. 독자 토론 마당에 제기되는 주제들에는 현재 우리 사회가 안고 있는 문제점들이 빠짐없이 담겨 있다. 독자 토론 마당을 읽는 동안 여러분에게는 알게 모르게 우리 사회에서 벌어지고 있는 일에 대한 풍부한 상식이 쌓이게 된다. 그리고 그것은 곧 여러분의 중요한 재산이 된다.

하지만 굳이 오피니언 난이나 독자 토론 마당에 실린 글들만 달라고 하지는 마라. 신문의 어느 난에 실린 글이든 여러분에게 도움이 되겠다고 판단된다면 아무 글이나 오려 달라고 하라. 부모가 전해준 글들을 읽으면서 자료를 선택하는 것은 여러분의 몫이다. 그리고 부모가 읽은 주간지나 월간지에 재미있는 글이 실렸다면, 그것도 오려 달라고 하는 것을 잊지 말아라.

토요 북 섹션》 한 가지 명심하자. 신문을 통해 논술을 익히면서도 자신이 좋아하는 분야에 대한 책 읽기를 중단할 필요는 전혀 없다. 신문을 통해 오히려 여러분의 독서 습관을 기르는 기회로 삼아야 한다. 특히 토요일에 실리는 책 소개 특집은 직접 읽도록 해라. 여러분이 읽고 싶었지만 찾기 어려웠던 책을 발견할 수 있으며, 책의 내용을 쉽게 파악하는 훈련도 할 수 있다. 게다가 여러분의 관심 분야가 확대되는 계기가 될 수 있으므로 금상첨화다. 그날 기사화된 책들 중 일부분의 내용을 직접 맛보기로 확인할 수 있는 기회도 있다. 책 읽기 난의 홈페이지로 들어가면 그날 소개된 책들 중 중요한 책의 앞부분 몇 페이지가 그대로 올라와 있는 경우도 있다. 여러분에게 책과 친해지고 싶은 의지가 있다면 반드시 홈페이지를 이용해 책 내용과 직접 접해라. 그런 후 조금이라도 마음을 당기는 내용이 있다면 당장 그 책을 사도록 해라. 우리나라의 책값은 다른 물가에 비해 상대적으로 엄청 싼 편이다. 분명 책에는 그만한 투자의 가치가 있다.

최소한 두 가지 이상의 신문을 봐라》 마지막으로 부모에게 숙제를 주는 김에 하나만 더 주어라. 여러분의 집에서 한 종류의 신문만 구독하고 있다면, 이제부터는 하나만 더 구독하자고 해라. 신문마다 지향하는 방향과 선호하는 필자가 정해져 있으므로, 한 가지 문제에 대해 다양한 시각을 접하려면 최소한 두 가지 이상의 신문을 참고하는 것이 좋다.

"어때, 그렇게 하면 신문을 좀 볼 수 있겠지?"
"그렇겠네요. 그럼 이제까지 책 읽을 때처럼 그냥 읽기만 하면 돼요?"
"아냐. 이제부터 본격적인 논술 공부에 들어가는 셈이니까 너의 노력이 필요해. 이제까지는 그 준비를 한 셈이고."

나는 고수에게 한 가지 주문을 더했다. 반드시 국어사전을 옆에 두고 모르는 표현이 나오면 언제든지 찾아보라는 기본 주문이었다. 그러나 어려운 표현이 나왔을 때 그 뜻을 알려고 너무 애를 쓸 필요는 없다. 아버지에게 물어봐도 모르겠으면 그냥 넘기라고 주문했다. 아직은 신문을 통해 아버지보다 유식한 사람이 될 필요는 없다. 그러다가 질린다.

신문·잡지와 친해지는 요령

💡 부모에게 그날 신문에서 중요하다고 판단되는 기사를 오려 달라고 부탁하라.

💡 오피니언 난, 독자 토론 마당, 북 섹션에 주목하라.

💡 최소한 두 가지 이상의 신문을 봐라. 한 가지 문제에 대해 다양한 시각을 접할 수 있다.

요약의 비법

요약 훈련은 필수적이다 》 논술 고사는 한 가지 주제를 놓고 자신의 생각을 글로 쓰라고 하는 것이 일반적인 유형이며, 제법 긴 글을 인용문으로 제시한 다음 글쓴이의 생각에 대한 학생들의 견해를 묻는 유형의 문제가 출제되기도 한다. 프랑스 대학 입시의 경우를 보자면 논술 고사의 유형은 훨씬 다양하다. 요약 시험이 따로 포함되어 있으며, 주어진 텍스트를 해석하는 시험까지 치른다.

논술 시험의 역사가 가장 긴 프랑스에서 그러한 형식의 시험을 오랫동안 고수해 온 것을 보면, 그러한 방식이 가장 객관적이고 효과적이라고 여겼기 때문일 것이다. 논술 시험의 역사가 쌓이면 우리도 그렇게 되지 말란 법이 없다.

현재 우리의 시험 유형이 프랑스와 다르더라도 요약 훈련은 필수적이다. 논술 시험은 자신의 생각을 효과적으로 남에게 전달하는 능력을 테스트하는 것이다. 하지만 그러한 시험을 보는 보다 근본적인 이유는 다른 사람들과 원활하게 의사 소통할 수 있는 대화의 능력을 키우기 위함이다. 자신의 생각을 남에게 효과적으로 전달하기 위해서는 상대가 무슨 생각을 하고 있는지 제대로 파악하는 것이 우선적으로 필요하다. 제대로 쓰고 말하기 위해서는 우선 제대로 읽어야 하고, 그 훈련이 제대로 이루어진다면 논술 시험의 중요한 단계를 정복하는 셈이 된다.

그뿐만이 아니다. 긴 글을 읽고 상대방이 말하고자 하는 바가 무엇인가를 핵심을 찾아 정리하다 보면, 나중에 글을 쓸 때 개요를 짤 수 있는 능력이 길러진다. 그리고 무엇보다 우리의 논술 시험은 주어진 텍스트에 대한 이해를 바탕으로 저자의 의견에 대해 자신의 견해를 밝히는 유형이 대부분이다. 따라서 논술 시험에서 좋은 점수를 얻고 싶다면 요약 훈련은 반드시 거쳐야 하는 과정이다.

나는 요약의 요령을 가르쳐주기 전에 고수에게 요약 숙제를 내주었다.

"너, 일주일 후에는 아버지가 준 신문 기사 중에서 네가 재미있다고 생각한 것을 요약해 와라."

"분량은요?"

"아무래도 상관없어. 글에 나와 있는 내용을 일목요연하게 정리한다는 기분으로 줄여봐."

고수에게 별 주문 없이 일목요연하게 정리만 해오라고 한 것은 다른 사람의 글이나 말의 핵심을 파악해서 그것을 자기 식으로 요약해 쓰는 일이 생각처럼 쉽지 않다는 것을 느끼게 해주기 위해서였다. 그리고 아이의 잘못을 구체적으로 지적해 주어 아이가 자신의 잘못을 피부로 느낄 수 있도록 해주기 위해서였다.

다섯 번째 만남》 일주일 후에 고수가 찾아 왔다. 그동안 처음 만날 때만 제외하고는 대개 신이 난 얼굴로 나타났었는데, 이번에는 좀 달랐다. 상당히 자신 없는 표정이었다.

"어때, 요약이 쉽든?"
"처음에는 아무렇지도 않게 생각했는데 너무 어려워요."
"그래, 어떤 게 어렵든?"
"글쎄요. 무슨 이야기를 하려는지 의미도 알겠고 결론도 알겠는데, 글을 줄이려니까 무얼 줄이고 무얼 남겨 놓아야 하는지도 모르겠구요. 그리고 제가 나름대로 줄인 걸 글로 쓰려니까 너무 힘이 들어요."

당연한 이야기였다. 우리는 글을 읽을 때 느낌으로 가볍게 처리하는 경우가 많지만, 글을 쓴 사람은 자신의 주장을 설득력 있게 제시하기 위해 온갖 전략을 다 구사하면서 고심을 한다. 요약을 잘 하려면 글을 쓴 사람의 입장이 되려고 애를 쓰는 것이 전제 조건이다. 그러나 남의 생각을 진지하게 따라가 본다는 게 어디 쉬운 일인가?

"어디 보여줄래?"

고수는 부끄러운 듯 요약문을 내밀었다. 읽어보니 짐작했던 대로였다. 읽은 글에서 나름대로 중요하다고 생각하는 부분을 그냥 짜깁기 해놓은 것이었고, 더욱이 글의 핵심과는 상관없는 부분이 상당히 포함되어 있었다. 게다가 중요한 내용이 상당 부분 생략되어 있었다.

요약문의 기본은 겸손함이다》 "너, 요약문의 기본 자세가 뭔지 아니?"

"글쎄요. 글쓴이의 의도를 제대로 파악하는 거 아니에요?"

"그렇지, 바로 그거야. 글쓴이의 생각을 따라가 보는 거, 그게 제일 중요하단다. 말하자면 요약문을 쓸 때는 무엇보다 겸손해야 하는 거지. 그런데 네 요약문을 보니까 별로 겸손하다는 생각이 안 드네. 글쓴이한테 보여주면 자신의 의도가 난도질당한 기분일 거야. 너, 너한테 재미있는 글을 골라서 요약문을 쓴 거지? 그러니까 어려운 글이라서 그랬다고 볼 수도 없고."

"어떡해야 돼요?"

고수가 풀이 죽은 목소리로 물었다.

"너무 기죽을 필요는 없어. 단지 훈련이 안 돼서 그런 거니까. 다시 이야기하지만 요약문의 기본은 겸손함이란다. 그러니까 네 마음대로 글의 내용을 빼버리면 절대 안 되는 거야. 글에 들어 있는 모든 내용을 다 집어넣는다는 마음가짐이 우선 필요해."

"그러면 너무 길어지잖아요."

"아냐. 글쓴이의 생각을 모두 집어넣되 네 식으로 짧게 다시 쓰는 것, 그게 요약의 기본이란다. 어렵겠지? 하지만 체계적으로 훈련을 하면 마냥 어려운 것만도 아니란다. 단지 내가 시키는 대로 꾸준히 연습하는 게 중요해."

나는 고수에게 요약문 쓰는 요령을 설명해 주었다. 그리고 앞으로는 최소한 일주일에 한 번씩 내가 가르쳐준 요령대로 반복 훈련을 계속하라고 지시했다. 글쓰기의 중요한 기본 단계에 접어든 만큼 당분간은 나의 직접적인 지도가 어느 정도 필요하다고 생각했기 때문에 나는 이 주일에 한 번씩 고수를 만났다.

하지만 여러분에게 꼭 나 같은 선생이 필요한 것은 아니다. 내가 고수에게 일러준 요령을 거의 기계적으로 반복하다 보면, 여러분 스스로도 자신의 요약문 작성 요령이 늘어나는 것을 실감할 수 있을 것이다. 이제부터 내가 설명하는 요약문 작성 요령에 따라 반복적인 훈련을 하도록 하라.

요약문 작성 요령》 요약문 작성의 기본 요령을 익히기에 앞서 다시 한번 요약문의 기본 성격을 확인해 보자. 요약이란 다른 사람의 생각을, 훨씬 짧은 말로, 그 사람과는 다른 방식으로 말하는 것이다. 따라서 요약 연습은 표현 연습인 동시에 겸손 연습이다. 자신만의 고유한 표현을 찾으려고 노력하되 원문에 대해 겸손할 것, 이것이 요약문 작성의 기본 자세이다.

따라서 요약문을 작성할 때는

1. 원문에 대해 자기 식으로 주석을 가해서는 안 되며,
2. 원문의 어느 부분에 대한 설명이나 비평이 들어가서도 안 되고,
3. 원문을 서투르게 복사하거나 짜깁기해서도 안 된다.

그러한 기본 자세를 전제로 하고 요약문 작성의 단계별 학습을 시작해 보자. 이제부터는 부모가 오려주는 신문의 기사를 대상으로 삼아 적어도 일주일에 한 번씩 아래의 단계에 따라 훈련해야 한다.

✏️ 우선 편안하게 한 번 읽어라

성급하게 펜을 잡기 전에 우선 주어진 글을 편안하고 침착하게 읽어라. 제일 먼저 해야 할 일은 본문과 친해지는 일이다. 한 번 읽어서 도대체 무슨 이야기인지 감이 안 오면, 대충 한번 더 읽어도 된다.

그런 후 읽은 글의 주제와 글쓴이의 의도를 파악해서 적어 보아라. 주제는 대개 글의 제목에 나와 있지만, 그렇지 않은 경우도 있으니 조심해서 파악해야 한다. 글쓴이의 의도를 파악하라는 것은 읽은 글이 단순히 정보를 주려는 것인지, 어떤 것을 설명하려는 것인지, 혹은 다른 사람의 생각에 반대해서 자신의

견해를 논쟁적으로 제시하려는 글인지를 판단하라는 말이다.

✎ 꼼꼼하게 읽어라

편안하게 읽은 후에 글의 주제와 성격이 파악되었으면, 이번에는 꼼꼼하게 한번 더 읽어야 한다. 처음 읽으면서 이해가 되지 않던 내용이나 애매하게 여겨졌던 부분을 이번 단계에서는 확실하게 이해해야 한다. 우선 글의 전체 문맥을 이해하려고 애를 써라. 그 뜻을 명확히 알 수 없는 어휘들이 나오면 주저 말고 사전을 뒤적여라. 그리고 이번 단계에서 글의 요지를 파악하라. 글의 요지는 대개 결론 단락에 나와 있지만, 글 앞에 나와 있는 경우도 있다.

또한 글쓴이가 자신의 생각을 효과적으로 펼치기 위해 다른 의견들을 어떤 방법으로 이용하고 있는가를 찾아내어 기록해 놓아라. 자신의 의견을 명확히 하기 위해 다른 사람들의 의견을 단순히 예로 드는 경우도 있고(**예증**), 논리적으로 자신의 의견을 뒷받침하는 글로 이용하는 경우도 있고(**논증**), 반박 자료로 사용하면서 자신의 글에 힘을 실어주는 경우도 있다(**반증**). 글의 성격을 판단할 수 있는 아주 중요한 단서이므로 반드시 파악하도록 한다.

✎ 분석적으로 읽어라

귀찮다고 여기고 생략하기 쉬운 단계이나 좋은 요약문을 쓰기 위해서는 절대적으로 몸에 익혀야 하는 단계이다. 우선 핵심이 되는 용어나 문장들에 밑줄을 그어라. 주의할 점은 너무 많은 곳에 밑줄을 긋지 않도록 해야 한다는 것이다. 그리고 논리 전개의 마디가 되는 접속어들을 괄호로 묶어라. 마지막으로 밑줄 그은 부분과 접속어들만을 읽어라. 글의 흐름과 호흡을 느낄 수 있다.

✎ 요약문 쓰기

1, 2, 3단계를 통해 얻은 것을 기초로 요약문을 쓰는 훈련이다. 글의 주제와 성격, 작가가 논증의 방법으로 사용하고 있는 예들을 기초로 하여 글의 흐름에 따라 요약문을 써라.

실제로 요약문을 쓸 때는 본문 중에서 중복이 되는 부분, 쓸데없다고 생각되는 부분, 혹은 부수적이라고 생각되는 부분은 덜어내려고 애써야 한다. 그리고 삭제해도 좋을 만한 예도 과감하게 삭제하라. 그러나 주어진 글을 이해하는 데 꼭 필요한 예는 없애면 안 된다.

그러나 무엇보다 중요한 것은 요약문을 쓸 때 단 한 단락이라도 본문을 그대로 옮긴 문장이 없도록 해야 한다는 것이다. 요약문은 여러분이 앞서의 과정을 거치면서 정확히 이해한 글을 여러분 나름대로 다시 구성해서 쓰는 것이다. 따라서 본문에서 길게 서술되고 있는 내용을 한 줄로 줄일 수도 있고 짧은 부분을 길게 서술할 수도 있다.

물론 여러분의 견해를 덧붙이라는 뜻은 아니다. 저자의 견해에 동조하되 그것을 다른 식으로 짧게 쓰는 글이 요약문이라고 생각하라. 그리고 그런 글을 쓰기 위해서는 동의어를 많이 사용하는 것이 유리하다. 따라서 사전을 뒤져 가면서 동의어를 찾아내어 사용하는 것이 필수적이다.

예상하고 있던 대로 고수의 요약문 작성 솜씨는 눈에 띄게 향상되어 갔다. 처음에는 내가 주문한 방식이 귀찮아서 그대로 따르지 않고 얼렁뚱땅 작성해 오는 경우도 여러 번 있었다. 그러나 그때마다 어김없이 내 지적을 받을 수밖에 없었다. 글을 대충대충 읽었다거나 자기 식의 글을 만들기 위해 노력하지 않은 경우에는 어김없이 표가 났기 때문이었다.

몇 번 지적을 받자 아이는 스스로 내가 지시한 방식을 뒤따르는 게 낫다고 판단했는지 성실하게 요약문을 작성해 왔다. 어느 정도 시간이 흐르자 나는 이제 다음 단계로 넘어갈 준비가 되었다고 생각했다.

상상력 키우기 프로젝트

글이 쓰고 싶다》 어느 날 제법 만족스러운 요약문을 가져온 고수에게 내가 말했다.

"아주 잘했다. 그래, 그렇게 요약 훈련을 하니까 어때?"

"글 읽기가 훨씬 쉬워졌어요. 웬만한 글은 한 번 훑어만 봐도 이해가 되구요."

"그래, 네 요약문에도 그런 게 보인다. 하지만 자만하면 안 돼. 이제 걸음마를 뗸 셈이면서. 너, 아직 본격적인 글쓰기 훈련은 시작도 안 한 거야."

"알아요. 하지만 이젠 자신 있어요. 짧은 글도 자꾸 써버릇하니까 글쓰기도 재미있겠다는 생각이 들거든요."

"좋았어. 이제는 정말로 준비가 된 셈이구나. 그렇다면 이제부터 글쓰기 훈련을 하자. 하지만 요약문도 계속해서 쓰고 책도 계속 읽어야 돼. 요약문 쓰는 횟수는 좀 줄여도 되지만, 재미있거나 중요하게 여겨지는 글이 있으면 반드시 요약문을 쓰도록 해라. 그리고 아버지가 주시는 신문 글들은 모아 놓아라. 하는 김에 주제들을 따로 적어서 챙겨놓으면 더 좋고. 나중에 쓸모가 있으니까."

요약문 쓰기 훈련을 통해 고수는 아주 중요한 능력을 습득한 셈이었다. 그것은 남의 생각을 깊이 이해하는 능력이다. 그리고 그와 함께 어느 정도의 표현 능력도 기른 셈이었다. 고수가 본격적인 글쓰기 훈련을 해보자는 내 말에 자신 있다고 대답한 것은 사실 당연한 결과였다.

우리는 남을 이해하면서 자신의 생각을 키우기 마련이다. 고수는 요약 훈련을 하면서 자기 생각을 표현하고 싶어 근질근질했을 것이다. 자기 글을 써보고 싶다는 생각이 저절로 떠오른 것이다. 그렇다. 글쓰기도 책 읽기와 마찬가지다. 그 무엇에 대해 호기심이 생겨 그에 대해 더 잘 알고 싶은 욕심이 생겼을 때 우리가 책을 찾게 되는 것처럼, 그 무엇에 대해 자기 식의 생각을 갖게 되었을 때 우리는 그것을 표현할 수단을 찾게 된다. 따라서 자발적인 동기가 글쓰기의 출발점이 되는 것이 가장 중요하다.

글쓰기는 훈련이 필요하다 》 글쓰기는 자기 생각을 표현하는 여러 수단들 중의 하나이다. 그런데 말이 아니라 글을 통해 자기의 생각을 올바로 나타내기 위해서는 일정한 훈련이 필요하다. 말하기도 훈련이 필요하기는 하다. 그러나 말은 자신도 모르게 익숙해지는 부분이 있다.

그러나 글쓰기는 말하기와는 달리 절대로 훈련 없이 익숙해지지 않는다. 글쓰기에는 글쓰기 나름대로의 일정한 틀이 있다. 자기만의 좋은 글을 쓰려고 대뜸 덤비기에 앞서 그러한 틀이 자기 몸에 밸 때까지 반복 훈련을 해야 한다. 그리고 그러한 훈련을 통해 기초 문장과 정서법을 익혀야 하며, 무엇보다 글씨 연습을 해야 한다. 글씨는 글의 얼굴과 같아서 글의 첫인상 형성에 아주 중요한 역할을 맡는다.

그러한 여러 가지 목표를 동시에 만족시키는 방법이 있다. 이제부터 여러분은 나와 함께 그 훈련을 하면 된다.

문학 작품이 어려워요》 나는 고수에게 고등학교 1학년 국어 교과서 책을 가져오라고 했다. 글쓰기 훈련의 첫 단계에서는 여러분의 교과서만으로 충분하다. 교과서를 가져온 고수에게 내가 물었다.

"교과서에 시, 소설, 수필 등 여러 가지 형태의 글이 실려 있지?"
"네."
"그 중 어떤 게 제일 어렵고 재미없니?"

제일 재미있는 걸 물어보지 않고 제일 재미없는 것을 물어보니 아이는 좀 어리둥절해 하는 듯했다. 그러나 대답은 쉽게 나왔다.

"시나 소설이 제일 어려워요.(도대체 뭔 소린지, 영~)"

예상했던 대답이었다.

"어떤 게 어려운데?"
"글쎄요. 아무리 정신차려서 무슨 이야기를 하려는 건가 열심히 들어도 아리송하기만 해요. 그러다 보면 생각은 딴 데 가 있구요."

사실이었다. 가장 편안한 읽기 대상이어야 하는 문학 작품이 아이들에게는 가장 이해하기 어려운 글이 되어버린 것이 우리의 현실이다. 그것은 우리의 전반적인 교육이 잘못되어 있는 탓이다.

문학 작품은 상상력의 산물이다》 문학 작품은 그 무엇보다 상상력의 산물이다. 상상력은 자유롭다는 것이 기본 속성이다. 그리고 아이들의 상상력이 어른보다 훨씬 자유로운 게 인지상정이다. 따라서 문학 작품은 어찌 보면 사고가 이미 어느 정도 굳어버린 어른들보다는 아이들에게 더 친근하게 여겨져야 한다. 그런데 현실은 그렇지 않다.
그것은 문학 작품이 아이들에게 학습 자료로 주어지기 때문이다.

생전 문학 작품을 접해보지 않은 아이들이 처음으로 시나 소설을 읽게 되는 것은 대개 교과서를 통해서다. 시나 소설은 그래서 다른 텍스트와 같이 공부해야 하는 글이 되어 버린다.

그러나 아이의 자유로운 상상력이 발휘되게 하려면 우선은 마음을 놓게 만들어야 한다. 다른 텍스트야 글쓴이의 의도를 파악하기 위해 눈을 부릅뜨고 정신을 바짝 차리고 읽어야 하겠지만, 문학 텍스트 앞에서는 눈을 게슴츠레 뜨고 약간 졸린 듯한 상태에 빠지는 게 더 효과적일 수 있다. 그래야 텍스트와 친해지고 상상력도 발동되기 마련이다. 효과적으로 문학 작품을 읽으려면 작품을 읽으면서 자신의 상상력을 발동시켜야 한다.

상상력 키우기 프로젝트 》 내가 고수에게 우선 훈련시킨 것은 그의 상상력을 통해 문학 작품을 읽는 습관을 기르게 하는 것이었다.

나는 고수에게 국어 교과서를 가져오라고 한 다음 거기 실린 문학 작품 중 한 편을 골라주고 읽어보라고 했다. 김동리의 「화랑의 후예」라는 작품이었다. 교과서에 실린 작품의 끝 부분은 다음과 같다.

황 진사를 광화문 통에서 만난 뒤, 두 달이 지난 어느 날, 나는 숙모님을 모시고 병원에 갔다가 총독부 앞에서 전차를 내려 필운동으로 들어가노라니 '모루히네' 환자 치료소 옆에서 조금하면 못 보고 지나칠 뻔하다가 그를 보게 되었다.

머리가 더부룩한 거지 아이 몇 놈과, 아편 중독자 몇과 그 밖에 중풍

쟁이, 앉은뱅이, 수족 병신들이 몇 둘러싼 가운데에 한두어 뼘 길이쯤
되는 무슨 과자 상자를 거꾸로 엎어놓고, 그 위에 삐쩍 마른 두꺼비
한 마리와, 그 옆의 똥그란 양철통에 흙빛 연고약을 넣어 두고 약 쓰는
법을 설명하는 위인이 있다.

"두꺼비 기름, 두꺼비 기름, 에헴, 두꺼비 기름이올시다. 옻 오른 데
도 쓰고, 옴 오른 데도 쓰고, 등창, 둔창, 화상, 동상, 충치, 풍치, 이 앓
는 데도 쓰고, 어린 애 귀젓 앓는 데, 머리가 자꾸 헐어 '하게 아다마'
되려는 데……(중략)……자, 깊이 깊이 감춰주면 반드시 한 번씩은 찾
게 되는 약, 첩첩이 싸서 깊이 깊이 넣어 두면 언제든지 한 번은 보배가
되는 약! 자아, 두꺼비 기름이올시다……(중략)…….'

그는 약물에다 흙빛 고약을 찍어 넣어서 저으며,

"자아, 단단히 보시오. 우리 몸에 있는 썩은 피가 두꺼비 코끝만 들
어가면 그만 이렇게 홍로일점설, 봄철의 눈과 같이 흔적도 없이 사라져
버립니다!"

하고, 약물 접시를 들어 여러 사람 앞에 한 번 내두르고 나서 기침을
한 번 새로 하더니,

"여러분, 여기 계시는 이분은 우리 조선에서 유명한 선생이올시다.
그런데 선생께서는 두 달 전부터 충치를 앓으셔서 병석에 누워 계시다
가 이 약으로 말미암아 어저께 벌레를 내고 오늘부터 이렇게 이곳까지
나와 주시게 되었습니다."

하고, 궐자가 손으로 가리키는 바로 그 곁에는 전날에 보던 그 검정색
안경을 쓴 우리 황 진사가 점잖게 먼 산을 바라보고 앉아 있었다. 궐자
는 다시 말을 이어,

"선생께서는 또 이 방면에 대한 연구가 대단히 깊으실 뿐 아니라,
곰의 쓸개, 오리의 혀, 지렁이 오줌, 쥐의 똥, 고양이 간 같은 걸로 훌륭
한 약을 지어서 일만 가지 병마를 퇴치시킬 수도 있는, 말하자면 이인
과 같은 능력을 가지신 어른이올시다!"

할 즈음에 순사가 왔다. 에워싸고 있던 거지, 아편쟁이, 수족 병신들은 각기 제 구석을 찾아 헤어졌다.

　이 꼴을 보신 숙모님은 나에게 눈짓을 하시며 앞서 가셨다. 나도 숙모님 뒤를 쫓아 한참 오다 돌아본즉, 아까 연설을 하던 작자는 빈 과자 상자에 마른 두꺼비와 고약통을 담아 가슴에 안고, 황 진사는 점잖게 두 손을 두루마기 옆구리에 찌른 채 순사를 따라 건너편 파출소를 향해 걸어가고 있었다.

　교과서에 실린 대목을 다 읽으라고 한 후에 나는 고수에게 물었다.

　"그래, 이 작품을 끝까지 읽었니?"
　"아뇨."
　"근데 뒷부분이 어떻게 될까 궁금하지 않든?"
　"좀 궁금하긴 했지만 어디서 작품을 찾을지도 모르겠고, 솔직히 그럴 맘도 별로 들지 않았고……."
　"그럴 거야. 이렇게 뜬금없이 작품의 한 부분만을 읽고 작가의 사상과 생애, 작품의 주제, 배경 등만 공부했을 테니까. 너, 처음에 나 만났을 때 생각나지. 책 읽기에서 제일 중요한 것은 호기심이라고 했던 거. 문학 작품도 마찬가지야. 우선은 호기심이 생겨야 돼. 그리고 작품을 읽으면서 앞으로 이야기가 어떻게 될까, 내가 그 상황에 처해 있었다면 어떻게 했을까를 나름대로 상상하는 거지. 자, 내가 몇 가지 숙제를 내줄 테니까 다음 주까지 해오도록 해라."

　내가 고수에게 내준 숙제는 다음과 같았다.

✎ 이 소설의 성격을 염두에 두고 파출소로 간 황 진사에게 어떤 일이 벌어졌을지를 상상해서 30줄 정도의 소설을 이어서 써라.

✎ 네가 그런 일이 벌어진 현장에 있었다고 가정하고 다른 곳에 있는 친구에게 거기서 벌어진 일에 대해 묘사하는 편지를 써라. 네 의견은 덧붙이지 말고 상황을 가능한 한 객관적으로 서술하라.

✎ 황 진사의 행동이나 생각에서 네가 보기에 의아한 부분이 있으면 왜 그렇게 보였는지 생각해 보고 너의 생각을 밝혀라.

숙제를 받은 고수는 막막한 표정을 지었다. 이제까지는 비교적 그 의도가 명확히 드러난 글을 요약하고 자신의 생각을 덧붙이는 훈련을 했으니 말하자면 비빌 언덕이 있었던 셈이었다. 그러나 이번 숙제는 고수의 자발적인 상상력을 필요로 하는 것인데다가 그런 식의 글쓰기 연습은 전혀 해보지 않았으니 막막한 것이 당연했다. 하지만 나는 아무런 힌트도 주지 않은 채 숙제만 내주었다. 단 한 가지 요구 조건은 컴퓨터로 글을 쓰지 말고 종이에 펜으로 직접 쓰라는 것뿐이었다.

자전거 타기의 원리 〉〉 일주일 후에 고수가 숙제를 들고 찾아왔다. 고수는 성실하고 착한 아이임에 틀림없었다. 하지만 글은 예상했던 대로 엉망이었다. 처음부터 만족스러운 글을 써오리라는 기대는 전혀 하지 않았으므로 내가 실망하지 않은 것은 물론이다. 어쨌든 어휘력도 빈약했고 철자법도 여러 군데 틀려 있었으며 문법에 맞지 않는 문장도 많았다.

하지만 나는 그것을 일일이 지적해 주지 않았다. 글을 자주 읽고 쓰다 보면 저절로 해결될 문제였기 때문이었다. 여러분 중에는 글쓰기를 배운다고 문법과 철자법, 좋은 문장 쓰는 법을 따로 공부하는 사람이 많다. 좋은 글을 쓰기 위해 문법에 맞는 문장을 쓰고 철자법이 정확한 글을 써야 하는 것은 물론이다. 그리고 문장도 이왕이면 효율적이고 정확하게 만들 필요가 있다. 하지만 고등학생이 되어서까지 그 부분을 따로 공부할 필요는 없다.

초등학교와 중학교 공부로 이미 여러분에게는 필요한 기초가 갖춰져 있는 셈이니 따로 시간을 내어 공부하기보다는 글을 읽고 쓰면서 사소한 잘못을 스스로 교정하면 된다. 중요한 것은 자신의 글쓰기 능력이 마치 자전거 타는 것처럼 저절로 습득되고 향상되도록 하는 것이다.

우리가 자전거를 탈 때 어디 자전거가 굴러가는 원리를 생각한 후 그에 맞추어 속도를 조절하고 몸의 균형을 유지하는가? 그렇지 않다. 우리 몸 자체가 그 원리를 익혀 저절로 실행하기에 우리는 자전거를 탈 수 있는 것이다. 글쓰기도 그와 같다. 중요한 것은 우리 스스로 익히는 것이지 좋은 글에 대한 지식을 쌓는 것이 아니다.

기본적인 조언 》》 나는 고수에게 아주 기본적인 조언만 해주었다. 그 조언은 다음과 같다.

✎ **작품의 이어지는 부분을 상상해서 그려내는 경우에는**
작품의 시대적 배경에 유의해서 시대 착오를 범하지 마라. 무엇보다 화자의 시점을 그대로 유지하고 저자의 말투를 흉내 내려고 애를 써라. 등장인물의 나이, 성격, 사회적 신분, 말투 등을 염두에 두고 그러한 기본 틀은 유지하라. 위의 사항에 대한 점검이 끝났으면 작품의 상황을 염두에 두고 자유로운 상상력을 발휘하여 써라.

✎ **상황에 대한 설명의 편지를 쓰는 경우에는**
작품의 상황을 고려하되 이번에는 작품의 배경이나 시점, 저자의 말투 등은 무시하라. 현재 여러분의 상황에서 자신이 직접 목격한 일을 다른 사람에게 정확히 전달한다는 기분으로 편지를 써라.

✎ **주인공의 성격이나 행동에 대해 자신의 의견을 밝히는 경우에는**
자신이 소설 속의 주인공이었으면 어떻게 행동했을까 생각해 보라. 그러나 자신의 행동을 상상해서 그리지 말고, 그렇게 행동하게 된 이유를 주인공의 성격이나 생각, 또는 행동과 대비시켜 다소 논쟁적으로 서술하라.

위의 요구 조건들을 고수에게 일러준 후에 나는 고수가 해온 숙제를 다시 읽어보라고 했다. 숙제를 읽은 후 아이가 말했다.

"정말 제 글은 엉망이네요. 그런데 왜 미리 일러주시지 않았어요?"
"그건 그런 훈련이 왜 네게 필요한지 스스로 깨닫게 하려고 그런 거야. 그리고 글에도 여러 종류의 글이 있다는 걸 알려주려고 그런 거야. 어때, 문학 작품 하나를 놓고도 여러 종류의 글을 쓸 수 있지?"

"그러네요. 그런데 이런 연습이 정말로 논술에 도움이 되나요? 우리나라 논술 시험에 문학 작품이 나오는 건 아니잖아요."

"맞아, 하지만 이 연습은 정말 필요하단다."

모방은 창조의 어머니 》》 나는 고수에게 문학 텍스트를 통한 이러한 연습이 왜 필요한지 비교적 자상하게 설명을 해주었다.

우리는 흔히 논술 시험에서 요구하는 글이 객관적인 성격의 글이라고 생각한다. 하지만 그것은 오해이다. 논술의 과정이 어느 정도 일관성이 있고 설득력이 있어야 한다는 것은 사실이지만, 무색무취의 객관적인 글이 모범 답안이 될 수는 없다. 오히려 자신의 주관이 뚜렷하게 드러난 글이 힘이 있고 좋은 인상을 주기 쉽다. 그리고 글에 자신의 주관성을 부여하는 것은 무엇보다도 상상력이다.

문학 작품을 읽고 나머지 부분을 나름대로 상상해 보거나 작품의 결말을 작품과 다르게 생각해 보는 훈련은 개인의 상상력을 키우는 데 안성맞춤이다.

내 개인적인 경험을 이야기 해보자. 나는 중학교 때 제법 많은 소설을 읽었다. 그리고 학교 수업 시간에 전날 읽은 단편 소설을 기억해서 흉내 내 쓰고는 반 친구들에게 돌려 읽힌 경험이 여러 번 있었다. 아이들이야 내 창작품인 줄 알고 소설가가 되라고 권하곤 했다. 어린 시절의 객기였지만, 나의 글쓰기 훈련은 그때 완성되었다고 해도 과언이 아니다. 사람은 흉내를 내면서 자신의 개성을 키우게 되어 있다. 위의 첫 번째 항목은 바로 그러한 상상력 계발을 통해 자신의 글 색깔을 갖추게 하는 훈련이다.

이해력, 묘사력, 판단력, 성찰력 》 그러나 좋은 글을 쓰기 위해서는, 더욱이 논술의 경우에는 자신의 상상력을 발휘하는 것만으로는 불충분하다. 주어진 상황에 대한 정확한 이해가 있어야 하고, 그에 대한 객관적인 묘사력도 갖추어야 한다. 위의 두 번째 항목은 바로 상황에 대한 객관적 이해력과 묘사력을 기르는 훈련을 하기 위한 것이다.

그리고 한 가지 더 있다. 사람은 자신의 시각으로 세상을 보고 세상에 대해 가치 판단을 한다. 거기서 한 걸음 더 나가면 자신의 생각까지도 그러한 판단의 대상으로 삼을 수 있다. 위의 세 번째 항목은 바로 그러한 판단력, 조금 거창하게 말한다면 비판적 성찰력을 키우기 위한 훈련이다.

글에 들어가야 하는 이 세 가지 요소를 모두 키우기 위해 문학 작품을 대상으로 한 위의 훈련은 필수적이다. 문학 작품을 읽고 그에 대한 교양을 쌓는 것은 실제 논술문을 쓸 때 구체적인 예로 활용할 수도 있다. 그렇게 되면 글에 생명력이 생긴다. 그런 능력을 키우기 위해서도 문학 작품을 읽고, 위에 언급된 훈련을 하는 것은 중요하다. 뿐만 아니라 글쓰기 능력을 전반적으로 향상시키기 위해서도 위의 훈련은 꼭 필요하다.

사실 우리의 논술 시험은 기본적인 글쓰기 능력을 측정한다기보다는 지적인 사고의 깊이나 철학적 지식 등을 측정하려는 경향이 있다. 물론 그러한 것도 중요하다. 하지만 사고력이나 지식은 좋은 글을 쓰기 위한 보조적인 재산이지 깊은 사고나 철학적 지식이 곧 좋은 글을 쓸 수 있게 하는 것은 아니다. 그러한 생각에 대한 공감대가 형성되면 논술의 출제 양식이 문학 작품 위주로 바뀔 수도 있다. 그러니 그런 날에 대비해서라도 위의 훈련은 꼭 해두어라.

궁금할 때 멈춰라 》 내 이야기가 끝나자 고수가 물었다.

"그런데 그런 훈련을 할 문학 작품은 어떻게 고르나요?"

"그래, 좋은 질문이다. 사실은 아무 작품이라도 상관없어. 하지만 아무 작품이라도 상관없다면 너무 막막할 거야. 그러니까 우선은 학교 교과서에 실린 작품들을 가지고 연습을 해봐.

국어 교과서뿐 아니라 문학 교과서도 있잖아. 거기 실린 작품들은 모두 그런 연습 대상이 된다고 생각하고. 그런 후에 고교생 학습용으로 나온 소설집의 작품들을 가지고 연습을 해봐라. 다시 얘기하지만 아무 작품이라도 상관없어.

그리고 그런 소설집을 샀다고 해서 군이 다 읽어야 할 필요는 없어. 한 편을 읽더라도 내가 이야기한 방법으로 연습을 하는 게 중요하단다. 너, 두고 봐라. 문학 작품이 재미있어질 거다."

"근데 내가 아무 데나 끊어서 내 맘대로 문제를 내요?"

"야, 그러면 문제 만드느라 끙끙 앓다가 시간 다 가라고. 간단한 비결이 있지. 너, 작품을 읽다 보면 다음 줄거리가 궁금해서 빨리 넘기고 싶을 때가 올 거야. 그러면 바로 그때 멈춰. 그리고 다음 이야기를 네가 상상해서 쓰란 말이지. 그런 후 그 순간의 상황을 묘사하는 편지를 누군가에게 보내고, 그때까지 밝혀진 주인공의 성격이나 행동에 대해 생각하고는 네 식의 견해를 밝히면 되는 거야. 어때, 간단하지? 그런 다음에 작품의 나머지 부분을 읽으면 작품이 훨씬 재미있을 테고 작품과 친해질 수 있을 거야."

"생각보다 훨씬 간단하네요."

고수는 이후 숙제를 열심히 해왔고, 써온 글에 대해 나와 이야기를 나누었다. 그 연습을 통해 고수의 글쓰기 솜씨가 눈에 띄게 향상된 것은 두말할 필요도 없다. 그리고 부수적으로 어휘력도 늘었으며, 무엇보다 글씨가 가다듬어졌다.

부모님은 훌륭한 조언자다》 여러분은 나 같은 선생이 곁에 없다면 위의 훈련은 할 수 없지 않느냐고 반문할지 모른다. 그러나 그렇지 않다. 좋은 친구가 있으면 그 친구와 연습을 해도 된다. 그러나 역시 가장 쓸모 있는 것은 부모님이다. 그리고 이번 경우에는 아버지보다 어머니가 훨씬 효과적일지도 모른다. 아무래도 아버지보다는 어머니의 문학적 감수성이 큰 게 보통이므로.

사실상 위의 훈련을 하는 데 굳이 글쓰기 전문가라든가 문학적 감수성이 뛰어난 사람이 꼭 곁에 있어야 할 필요는 없다. 사람이 누구나 작가가 되기는 어렵다. 그리고 자신이 작가적 자질을 타고났다고 생각하는 사람도 드물다. 그러나 사람은 누구나 자기가 읽은 글에 대해 비평적 안목을 가지고 있다고 생각한다. 여러분들도 영화를 보고 난 후 자신이 영화를 만들 수 있다는 생각까지는 해본 적이 없더라도 영화에 대해 한마디 정도 할 자격이 있다고 생각해 본 적은 있을 것이다.

그러니 여러분의 어머니나 아버지는 여러분이 쓴 글에 대한 훌륭한 조언자가 될 수 있다. 더욱이 여러분의 논술 공부를 직접 지도하는 역할을 자신이 부여받았다고 생각하면, 부모님은 정말 신이 나서 여러분을 도울 것이다.

기본기를 쌓아라

8부 능선》 친구 P의 부탁을 받고 고수의 논술을 지도해 온 지 벌써 6개월 가량이 흘렀다. 그동안 나는 고수에게 글쓰기의 요령을 구체적으로 가르치지는 않았다. 글 읽기 및 글쓰기와 친해지는 것이 무엇보다 급선무라고 생각했기 때문이었다. 고수는 다행스럽게도 내가 지시하는 바를 잘 이행하고 따라왔다. 아이는 이제 자신이 좋아하는 책을 고를 수 있게 되었으며, 책의 내용도 쉽게 이해하는 능력을 기르게 되었다. 신문의 칼럼을 읽고 그것을 요약하는 솜씨도 생겼고, 문학 작품과도 어느 정도 친해지게 되었다.

고수가 그런 능력을 획득하게 된 데는 무엇보다 아이가 성실했기 때문이었다. 그리고 나를 믿고 내 말을 따라주었기 때문이었다. 그렇다. 논술 공부에서 가장 경계해야 하는 것은 조급함이다. 여러분도 나를 믿고 여기까지 성실히 따라왔다면, 논술 시험 대비에서 8부

능선은 넘은 셈이라고 생각해도 된다. 만약 도중에 사정이 생겨 그만두는 일이 벌어지더라도 절대로 포기는 말아라. 그리고 처음부터 다시 시작하라. 나중에 어떻게 되겠지 하는 마음이 들어 논술 공부를 뒤로 미룬다면 사실상 논술 공부를 포기한 셈이나 마찬가지다. 나중에 급히 준비하려면 쓸데없는 시간만 낭비하게 될 것이며, 무엇보다 부모님에게 커다란 경제적 부담을 안기게 된다. 그리고 아무리 많은 돈을 들이더라도 결코 안심할 수 없는 상황을 맞이하게 될 것이다.

기본기 쌓기》 나는 이제 고수에게 글쓰기의 기본에 대해 몇 가지 요령을 가르칠 때가 되었다고 판단했다. 물론 이제까지의 훈련을 통해 고수의 문장 솜씨는 몰라보게 향상되었다. 학교에서 내주는 그룹 과제를 글로 정리하는 일도 자기 아들이 도맡아 한다고 P는 아주 자랑스러워했다. 덕분에 그 친구에게 술도 여러 번 얻어먹을 수 있었다.(그 짠돌이에게!)

하지만 그래도 고수의 글에는 아쉬운 점이 몇 가지 있었다. 문장을 효과적으로 쓰는 방법을 몰라서 중언부언하는 글을 가져올 때가 많았으며, 핵심적인 내용을 효과적으로 전달하는 요령도 부족했다. 하지만 그 역시 서둘러서 고칠 수 있는 문제는 아니었다. 실제 논술문 쓰기 연습을 하면서 고쳐나가면 되는 것이었다.

그렇더라도 나는 논술 시험에 대비해서 주제 파악 요령, 글의 전개 요령, 좋은 논술문을 쓰는 실제의 요령 등을 가르치기 전에 고수에게 우리 글 문장의 기본에 대해 몇 가지 조언을 해주기로 마음먹었다. 그러한 기초를 습득한 후에 실제 논술문 쓰기 연습 및 주제 파악의 요령을 익히게 되면 글을 쓸 때마다 그러한 기초 사항이 몸에 밸 수 있기 때문이었다. 내가 고수에게 일러준 내용을 정리하면 다음과 같다.

✎ **가능한 한 문장은 짧게 써라**
하나의 문장에 여러 가지 생각이 뒤섞여 있으면 읽는 이가 글의 내용을 제대로 파악하기 어렵다. 심지어는 글쓴이가 제대로 자기 생각을 갖고 있는지 의심하게 만든다. 다음에 나오는 글을 읽어보자.

조앤 K. 롤링은 포르투갈에서 영어강사로 일하다 결혼했으나 곧 이혼하고, 생후 4개월 된 딸을 안고 에든버러에 초라한 방 한 칸을 얻어 정착했는데, 일자리가 없어 1년 여 동안 생활 보조금으로 연명한 그녀는 동화쓰기를 결심, 집 근처 카페에서 해리 포터의 모험담을 종이 위에 옮겼고, 이 책은 발간되자마자 엄청난 인기와 더불어 〈세계 최우수 아동도서〉로 선정되었을 뿐만 아니라, 유명한 〈스마티 상〉을 수상했으며 많은 호평과 각종 상을 휩쓰는 등 국제적 명성을 얻게 되었다.

이와 같은 글은 자세히 읽으면 내용을 파악할 수는 있다. 그러나 문장이 너무 길어서 읽기에 부담스럽고 정보 전달이 잘 이루어지지 않는다. 적당한 길이에서 끊어서 짧게 쓰는 것이 효과적이다. 다음과 같은 형태로 쓰면 훨씬 잘 읽히고 정보의 파악도 쉬워진다.

조앤 K. 롤링은 포르투갈에서 영어강사로 일하다 결혼했으나 곧 이혼했다. 그러다가 그녀는 생후 4개월 된 딸을 안고 에든버러에 초라한 방 한 칸을 얻어 정착하게 된다. 그러나 일자리가 없어 1년 여 동안 그녀는 생활보조금으로 연명해야만 했다. 마침내 그녀는 동화쓰기를 결심하고, 집 근처 카페에서 해리 포터의 모험담을 종이 위에 옮겼다. 그렇게 씌어진 이 책은 발간되자마자 엄청난 인기와 더불어 〈세계 최우수 아동도서〉로 선정되었다. 게다가 그녀는 이 책으로 유명한 〈스마티 상〉을 수상하게 되었고, 많은 호평과 국제적 명성을 얻게 되었다.

✏️ 특별한 경우가 아닌 한 끝맺음을 확실하게 하라

언제부터 생긴 말투인지 모르겠으나 우리나라 사람들이 사용하는 말의 끝맺음이 확실하지 않은 경우가 많다. "~인 것 같아요, ~인 것 같다"라는 표현으로 말끝을 맺는 모습을 쉽게 볼 수 있으며, "~라고 본다" 같은 표현도 자주 눈에 띈다. 글쓴이가 겸손해 보일 수도 있지만 대개의 경우 자신감이 없어 보인다. 물론 경우에 따라 확실하지 않은 끝맺음을 써야 할 때도 있다. 예를 들어 자신의 잘못을 부분적으로 인정하면서 보다 궁극적인 문제점을 지적할 때는 자기 속을 너무 분명하게 드러내지 않는 것이 좋다.

우리 부서의 미숙함이 이번 프로젝트의 실패에 영향을 미쳤다는 점은 부인

할 수 없을 것 같다. 그러나 좀더 냉정하게 따져 본다면, 이번 프로젝트의 실패는 오히려 회사 전체의 구조적 모순에 기인하는 바가 더 크다.

또, 역설적으로 자신의 의도를 강조하기 위하여 겸손한 문장을 사용하는 경우도 있다. 그러나 그 경우에도 그런 표현의 의도가 문맥 속에서 확실하게 드러나야 한다.

✎ 주어와 서술어를 호응시켜라

글쓰기 훈련이 부족한 우리나라 학생들이 가장 많이 범하는 잘못 가운데 하나다. 게다가 우리나라 말은 영어 등의 외국어와 달라 주어를 자주 생략하기 때문에 그런 일이 벌어진다. 행위의 주체는 사람인데 문장 속에서는 사물이 주어의 역할을 하는 경우도 많고, 주어가 두셋이 되는 문장 또한 쉽게 발견할 수 있다. 그리고 주어를 쓰면 안 되는 경우에 버젓이 주어가 쓰인 경우도 많다. 가령 다음과 같은 문장을 보자

나는 지금까지 먹고 사는 일이 바빠서 소중한 사람들을 잊고 살았다.

이 문장에서 '바쁘다'의 주어는 '나는'이다. '일이' 바쁜 것이 아니고 내가 바쁜 것이다. 따라서 '먹고 사는 일이'는 '먹고 사는 일에'로 바뀌어야 한다. 비슷한 경우로 다음 문장을 보자.

젊은 사람들의 취향이 낭만에서 엽기로 바뀌는 추세이다.

얼핏 봐서는 맞는 문장처럼 보인다. 그러나 자세히 보면 주어와 서술어의 호응이 이루어지지 않는다. 수식어를 떼어내고 보면, '취향이 ~추세이다'가 된다. 그냥 쉽게

젊은 사람들의 취향이 낭만에서 엽기로 바뀌어 가고 있다.

라고 쓰면 문법에도 맞고 의미도 쉽게 전달된다.

✏️ 말하듯이 쓰려고 노력하라

대개 글을 쓴다고 하면 상당히 긴장을 한다. 그래서 어디서 본 적이 있는 그럴듯한 문장을 흉내 내려고 애를 쓰거나 유식해 보이는 문자를 가져다 쓰는 학생들이 많다. 조심해야 한다. 좋은 글을 쓰려면 말하듯이 써라. 말하듯이 자연스러운 문장을 그 호흡 그대로 글로 바꾸는 것이 가장 좋다. 읽기 쉽고 재미있는 글이 좋은 글이다.

이 사내는 한때 중국 대륙과 한반도를 통틀어 주먹의 1인자로 통하던 시라소니 이성순 씨였다. 1953년, 이정재 씨의 부하들에게 치욕적인 린치를 당한 것에 대한 앙갚음을 준비해온 그였지만, 이씨의 처절한 몰락을 보며 복수의 마음을 접은 것이다. 이성순 씨는 당대의 오야붕 김두한 씨나 동대문 사단의 이정재 씨보다 싸움실력만큼은 한수 위로 꼽혔던 전설적인 주먹이다. 제1공화국 시절 정치주먹으로 유명했던 유지광 씨도 자신의 저서 『정치주먹 천하』에서 "우리나라의 전설적인 주먹 가운데 시라소니를 능가할 사람은 없다. 싸움의 묘기는 최고수고, 일대일 맞상대 실력은 가히 일품이

다"며 그의 실력을 예찬했다.

1917년에 신의주 부농의 둘째 아들로 태어난 그는 17살 때부터 달리는 열차에 뛰어오르는, 이른바 '도비노리(飛乗)'란 기술로 밀무역을 했다. 중국 만주와 심양, 북경, 천진, 상해 등을 돌아다니며 중국의 유명한 주먹들을 제압하고 일본인들을 혼내면서 유명해졌다. 스라소니(어미에게 버림받았으나 혼자 힘으로 살아남은 새끼 호랑이)처럼 민첩하게 움직이고 추격하는 일본인들을 감쪽같이 따돌린다 해서 시라소니(스라소니의 사투리)라는 별명으로 불렸다.

그의 주특기는 '공중걸이'라는 위력적인 박치기였다. 상대방의 2, 3미터 전면에서 몸을 날려 상대를 이마로 받아치는 기술이다. 또한 앉은 자리에서 3미터를 훌쩍 날아 상대방을 들이받고 눈부신 발길질로 상대를 제압하는 기술이 가히 예술의 경지에 올랐다고 한다.

방성수, 『조폭의 계보』 중에서

몸으로 익혀라》 위에 나열한 것들 이외에도 좋은 글을 쓰기 위해 기본적으로 익혀야 할 것은 많다. 정확한 단어 구사능력을 키우고 문장의 기본 구조를 익히는 것도 필요하고, 올바른 어순을 제대로 지키는 법을 익히는 것도 중요하다. 그러나 글쓰기의 기초 이론 자체만 공부해서 그 내용을 너무 많이 머리에 넣어두려고 하는 것은 하등의 도움이 안 된다. 우리는 걸어갈 때 몸의 어떤 부분을 어떻게 움직여 어디로 향하면 되는지를 열심히 생각한 후에 발걸음을 옮기지 않는다. 말도 마찬가지다. 말을 할 때 우리는 일일이 문법을 생각하고 자기가 하고자 하는 이야기를 가다듬지는 않는다. 우리 머리나 몸 어느 부분에 올바르게 말하는 요령이 배어 있다가 자연스럽게 나오는 것이다.

글이라고 해서 특별히 다르지 않다. 역시 중요한 것은 몸에 배게 만드는 것이다. 논술 고사에 대비한답시고 갑작스레 글쓰기의 원리를 공부하고 논술문 쓰기의 요령과 원리를 배우겠다는 것은, 다시 강조하지만 자전거 타는 법을 배우겠다고 자전거 굴러가는 기계적 원리를 열심히 외우는 것과 같다. 그러니 올바른 문장을 쓰는 법은 위에 지적한 간단한 몇 가지만 머리에 담아 두고 나머지는 잊어버려라.

나 역시 글쓰기의 전문가 행세를 하고 있지만, 어떤 문장이 올바른 문장이고 어떤 문장은 비문이니 하는 식으로 조심하면서 글을 쓰는 훈련을 해본 적은 없다. 그렇지만 문장력이 좋지 않다는 이야기를 들어본 적은 없으니 좋은 문장을 쓰기 위해 따로 문장 공부를 하는 것이 반드시 필요한 것은 아닌 셈이다.

세상사는 복잡하면서도 단순하다

어른들의 선입견 》 이제 고수의 글 솜씨는 상당한 수준에 이르렀다. 드디어 고수가 논술문을 쓰는 요령을 익힐 단계가 되었다고 판단한 나는 아이에게 그동안 모아 두었던 신문의 칼럼과 요약문을 모두 가져오라고 했다. 6개월 정도 모았으니 상당한 분량이었다.

"야, 대단한데. 이걸 다 읽었단 말이지? 그걸 한꺼번에 주고 읽으라고 그랬으면 어땠겠니? 어림도 없었겠지?"

"저도 몰랐는데 이렇게 모아놓고 보니까 정말 엄청나네요. 한꺼번에 읽으라고 했으면 질려버렸을 거예요.(뿌듯~)"

"그래, 기분이 어때?"

"기분 좋지요. 정말 내가 이런 글을 이렇게 쉽게 읽게 될 줄은 몰랐어요. 아버지하고도 얘기거리가 많아졌구요. 엄마는 내가 되게 유식해졌대요. 어떤 때는 시사 문제를 저한테 물어보기도 하세요."

사실 고수를 지도해 오면서 나 자신도 자주 놀라곤 했다. 내 예상 밖으로 아이가 진지한 모습을 자주 보여줬고, 자기 주장도 확실해져 갔기 때문이었다. 아이의 모습을 지켜보며 나는 어른들이 아이들에 대해 품고 있는 선입견을 대폭 수정해야 한다고 생각했다.

우리는 아이들이 가벼운 흥미거리에만 몰두해 있고, 진지한 사고를 하지 않는다고 생각한다. 따라서 가만히 내버려두면 해야 할 일을 제대로 하지 않는다고 생각한다. 따라서 아이를 공부시키기 위해서는 끊임없는 감시와 독려가 필요하다고 믿는다. 그러나 고수는 일단 동기를 부여받게 되자 아주 진지한 아이가 되었고, 진지한 문제에 대하여 자발적으로 흥미를 느꼈다.

나는 고수가 특별한 아이라서 그렇다고는 생각하지 않는다. 아이들은 누구나 나름대로 진지하다. 아이들을 감시의 대상으로 생각하는 것은 어른들이 자신의 잣대로 아이들을 판단하려 들기 때문이다. 그러한 잣대를 거두어들이고 아이를 믿고 잘 인도할 때 아이의 자발성은 살아나고 자신감도 갖게 된다. 그러한 자신감을 바탕으로 아이는 나름대로 진지해질 수 있다. 그렇게 보면 논술 공부는 단순히 논술 공부에 그치는 것이 아니라 인생 공부이기도 하다.

다양한 주제들 >> "어쨌든 수고 많았다. 너, 요약문 계속해서 써왔겠지? 사실 요약문 쓰기 연습하고 문학 작품에 대한 연습만 충실히 하면 글쓰기의 기본은 거의 다 익힌 셈이란다. 자, 그 기본 바탕을 가지고 이제 본격적으로 논술 공부를 해볼까? 논술 시험은 주제를 제시하고 그 주제에 대해 비교적 긴 글을 쓰도록 되어 있으니 일정한 연습이 필요하거든. 어디, 네가 모은 글들 좀 보여줄래?"

나는 고수에게서 그가 수집한 글들을 건네 받았다. 글의 종류도 많았고 주제도 현란했다. 아이가 건네 준 글들의 주제를 정리하면 다음과 같다.

교육이 우리의 당면한 현안이라는 것을 입증하듯 **교육 문제**를 다룬 글이 많았다. 재경부와 교육부의 대립이 교육 논리에 부작용을 일으킨 사안을 지적한 글, 고교 평준화의 문제점을 지적한 글, 대학 입시의 문제점을 지적한 글, 교육 포퓰리즘의 폐해를 지적한 글 등 다양한 성격의 글들이 있었다.

아이가 사회 과목에 관심이 많아서인지 **외교 및 국제 문제**를 다룬 글들도 꽤 눈에 띄었다. 반미주의에 관한 문제, 중국의 경제적·정치적 성장과 한반도와의 관련성을 다룬 글, 남북 관계에 대한 문제, 우리나라의 외교 협상력을 문제삼은 글 등이 있었다.

언론 문제를 다룬 글도 꽤 있었다. 언론과 정부 규제와의 역학 관계를 다룬 글도 있었고, 언론의 사회적 기능을 살핀 글도 있었다.

그리고 그러한 범주에 포함시킬 수 있는 글로 기업의 사회적 기능과 의미를 다룬 글도 있었고, 공직자의 윤리에 대하여 논리를 전개한 글도 있었다.

월드컵 기간이 있었기에 당연한 일이었지만, 그에 관한 글들도 많았다. 붉은 악마의 의미를 새로운 질서를 향한 일종의 혼돈으로 본 글로부터 히딩크가 한국을 떠나야 하느냐 머물러야 하느냐에 대해 의견을 제시한 글도 있었다.

기타 현대 사회가 과연 효율성을 추구하는 사회가 되어야 할 것인지 아니면 각자의 다양성을 존중하는 사회가 되도록 힘써야 할 것인지를 다룬 논쟁적인 글, 청계천 복원의 문제, 역사 교과서 왜곡의 문제 등 다분히 **시사적인 현안**을 다룬 문제도 있었고, 한글전용과 국한문 혼용에 대한 각기 다른 논쟁적 견해의 글도 아이가 읽은 글의 목록에 포함되어 있었다.

그뿐만이 아니라 **과학**과 관련된 글들도 많았다. 아이에게 폭넓은 교양을 주려는 P의 노력이 엿보이는 대목이었다. 자연과학의 기초 및 이공계의 위기를 진단하고 그것을 극복하는 길을 제시한 글, 과학의 발전에 의해 인간 불사(不死)의 시대가 과연 올 수 있는가 라는 제목 아래 과학의 발전을 인간의 영원한 꿈과 결합시킨 글, 최첨단 공학이라 할 수 있는 나노 기술에 관한 소개의 글 등이 있었으며, 첨단 과학 이론들을 동양 사상과 접목시켜 설명한 과학으로 세상보기 연재 칼럼들도 있었다.

독자 토론 마당의 글들도 여럿 있었는데, 최근 우리 사회 첨단의 이슈들이 골고루 망라되어 있었다. 그 주제들은 고교등급제의 시행,

소리바다 서비스 불가 판결, 청소년 상대 성 범죄자 신상공개, 지문 날인제, 서울대 입시 지역 할당제 도입, 양심에 따른 병역 거부, 남녀 양성 평등 채용 목표제도, 인간 체세포 복제 등 실로 다양했다.

아이가 그동안 모아 온 글들은 우리 사회 전체를 아우르는 전반적인 시사 문제들이었다. 따라서 그 주제들은 무척이나 다양했다. 하지만 논술을 공부한다고 그 많은 주제들을 일일이 공부하고, 그에 대한 구체적인 지식을 쌓기 위해 애쓸 필요는 없다. 그러다가는 가랑이가 찢어질 정도가 돼 버리기 십상이다. 우리가 살면서 만나게 되는 다양한 주제들이 겉보기에는 아무리 다양해 보일지라도 결국은 몇 가지의 공통 주제로 묶을 수 있다는 것을 기억해라.

떠나야 할까? 남아야 할까?》 아이에게 그 점을 가르치기 위해 나는 아이가 가져온 글들 중에서 그가 요약의 대상으로 삼은 글을 하나 골랐다. 아이가 축구에 흥미를 느끼고 있었으므로 기왕이면 히딩크에 관한 글을 골랐다. 그 글의 전문은 아래와 같다.

거스 히딩크 감독이 코치들과 경기를 지켜볼 수 있는 통 유리 박스에 앉은 지 3주가 아닌 한 세기쯤 지난 것 같다. 붉은 바다에 잠긴 부산 월드컵 경기장에서 폴란드와의 첫 경기가 시작된 지 30분쯤 지났을 때였다. "히딩크, 우리의 꿈을 실현해 주오"라는 대형 격문(檄文)이 내걸렸다.
그 꿈은 초과 달성됐다. 히딩크 감독은 한국대표팀을 지휘하며 환상적인 투쟁심을 이끌어 냈다. 그는 영웅이 자신이 아닌 골키퍼 이운재로 부터 홍명보, 송종국, 박지성을 거쳐 마지막에 골을 넣어 모든 영광을 한 몸에 받은 공격수들이라는 점을 잘 알고 있다.

감독은 그들의 노력을 조직화할 뿐이다. 히딩크 감독은 선수들에게 자신의 폭넓은 지식을 쏟아 부었다. 그는 선수들의 패기를 자신의 경험과 조화시켰다.

그는 이미 너무 많은 칭찬을 받아 더 이상의 칭찬을 원하지도 않는다. 이제 그는 어디로 갈 것인가? 나는 그가 고국 네덜란드로 돌아갈 것이라고 믿는다. PSV 아인트호벤으로 돌아갈 것이다. 그때 피와 살이 펄떡펄떡 뛰는 한국 선수 3명을 데리고 갈 것이다.

한국인들이 지금 아무리 많은 영광과 부를 약속할지라도 그는 스포츠에서, 인생에서 이런 칭찬은 덧없는 것이라는 걸 누구보다 잘 알고 있다. 감독은 마지막 승리 때가 가장 좋을 때다. 다음에 찾아올 패배는 그를 또다시 초라하게 만들 것이다.

어쨌든 한국인들은 이 남자를 잊지 못할 것이다. 그는 한국 역사에서 놀라운 한 달을 창조해냈다. 하지만 이 모든 것은 한여름 밤의 꿈이다. 상황은 결코 되풀이되지 않을 것이며, 그는 다른 모든 사람들처럼 늙고 지쳐 수백만의 한국인을 거리로 끌어낸 능력을 잃어갈 것이다.

거울 앞에 서서 여러분이 히딩크 감독이라고 상상해 보라. 정부의 훈장이 곁에 있다. 상상도 못 했던 돈까지 있다. 원한다면 제주도에 여름 별장도 얻을 수 있다. 평생을 마시고도 남을 맥주가 있고 언제든 무료로 이용할 수 있는 항공기 일등석도 있다. 이 남자의 발 아래에는 헤아릴 수 없는 물질적 풍요가 널려 있다.

나는 이런 유례없는 현상에 관해 그와 개인적으로 얘기해 본 적은 없다. 그를 둘러싼 벽이 너무 많기 때문이다. 한국인은 물론 네덜란드인 보디가드, 조언자, 코치, 친구, 스폰서, 팬 등등……. 그들 모두는 히딩크 감독의 한 부분을 원한다.

그와 언론의 관계는 거의 '동물원 수준이었다.' 그는 수백 명의 보도 진을 상대로 한꺼번에 말한다. 숨기는 것도 없고 모든 것이 기대 이상으로 진행되고 있다. 하지만 그는 한 가지, 우리 중 어느 누구도 방해할 수 없는 통로를 통해 선수들을 인도하고 이끈다. 이 내부 집중력은 팀을 위한 것이다.

그의 힘은 그가 축구에 집중하는 데서 나온다. 그는 자중할 줄 알아야 하며 선수들이 그라운드에 충실할 수 있도록 유도해야 한다. 경기마다 양 골대 사이 잔디 그라운드에서 최선을 다해야 한다.

지나친 칭찬은 등 뒤의 비수(匕首)가 되기 쉽다. 하지만 그도 케사르 루이스 메노티의 칭찬엔 흐뭇한 마음을 감출 수 없었을 것이다. 1978년 월드컵 때 아르헨티나 감독으로 팀을 우승으로 이끌었던 메노티 씨는 현재 현대 축구에 신랄한 독설을 퍼붓고 있다.

메노티 씨는 이번 월드컵에 대해 냉혹한 평가를 내린다. 선수들은 로봇으로 전락했고, 교과서적인 축구를 하며, 개인의 창의성을 상실했다는 게 그의 판단이다.

하지만 메노티 씨는 한국에 대해서만은 다른 말을 한다. "그들은 비록 플레이에 질서를 갖고 있지만, 그 틀 안에서 모험을 감행하고 있다. 나는 이 팀이 엄청난 발전을 이룬 것을 지켜 봤고 히딩크 감독은 재능 넘치는 선수들이 스스로 빛을 낼 수 있도록 허용했다."

메노티 씨의 이 말은 히딩크 감독에게 쏟아지는 한국 내 어떤 찬사보다 감동스러운 말이다. 히딩크 감독은 여기서의 임기가 끝나면 과도한 친절과 히스테리로부터 피난처를 찾을 것이다.

한국인들은 일상으로 돌아가 이 위대했던 한 달을 차분하게 돌아봐야 할 것이다. 선수들에게 "꿈을 실현시키자"고 격려했던 히딩크 감독은 이제 56세다. 4년 후 그가 다시 한국이 택한 최선의 감독일지라도 그는 결코 이번과 같은 에너지를 뿜어낼 수 없다. 선수들은 물론 자신의 영혼에서 이번과 같이 불 같은 투쟁심도 찾아내기 어려울 것이다.

그는 대부나 고문과 같은 존재는 될 수 있을 것이다. 그를 고용한 대한축구협회가 "히딩크 씨, 여기 보너스가 있으니 작별합시다"며 그를 보내는 것은 잘못된 일일 것이다. 하지만 오늘의 열기가 식는 순간 히딩크 감독은 다시 유럽으로 돌아가 있을 것이고, 그가 또다시 한국과 관계를 맺는다면 후임자에게 조언하며 옆에서 돕는 데 그칠 것이다.

그건 아주 다른 임무가 될 것이다. 행복감이 사라질 무렵 누군가가 나서 한국인의 축구에 대한 엄청난 열광을 가라앉히고 다시 새로운 승리의 길을 닦아야 할 것이다.

히딩크 감독은 때와 장소에 딱 들어맞은 천운을 타고난 사람이었다. 그의 전설은 누구도 대신할 수 없을 것이다.

스스로에게 삐딱해져라 〉〉 위의 글은 한국인이 쓴 글이 아니다. 롭 휴스라는 영국의 축구 칼럼리스트가 쓴 글이다. 나는 위의 글을 보여주며 고수에게 물었다.

"그래, 이 글을 읽고 기분이 어땠니? 한창 히딩크를 붙잡아야 한다, 보내야 한다, 이야기가 많았을 때 쓴 글인데…….."

"글쎄요. 좀 어렵기도 했고, 옳은 이야기 같기는 한데 뭔가 아쉽기도 했구요…….."

"뭔가 아쉽다는 얘기를 하는 걸 보니까 히딩크가 계속 머물면서 우리 축구팀을 지도했으면 했던 모양이구나. 그런데 위 글을 보니까 그래선 안 될 것도 같고…….."

"그래요. 아이들도 대부분 히딩크가 남기를 바랐거든요. 우리 축구팀이 월드컵 4강에까지 올라갔지만, 이제 겨우 시작인 것처럼 보

였으니까요. 히딩크가 가버리면 금방 도로아미타불이 될 것 같았구
요. 히딩크를 대통령 시키자는 어른들도 많았잖아요."

"그런 걸 여론이라고 한단다. 여론이 다수의 의견이기는 하지만
그렇다고 해서 언제나 옳은 건 아니지. 너, 그 글이 너한테 왜 어려
웠는지 아니?"

"글쎄요. 어려우니까 어려웠지요. 히딩크가 가냐 안 가냐의 단순
한 문제를 가지고 뭐 그리 복잡하게 돌려서 얘기를 하나 하는 생각
도 들었어요."

"바로 그거란다. 너는 히딩크가 돌아가느냐 아니냐의 문제를, 가
면 가고 말면 마는 식으로 단순히 양자 택일의 문제로 생각했었지.
그리고 그걸 판단하는 기준은 그가 가고 안 가고 하는 문제가 한국
축구에 도움이 될 건가 아닌가 하는 식으로만 생각한 거구. 중심은
너하고 한국 축구에 있었던 거야.

그런데 위의 글은 어떠니? 히딩크가 가느냐 아니냐 하는 문제를
히딩크 본인의 입장에서 접근했지. 그러다 보니까 인간에 대한 성찰
도 나오고 인간사에 대한 일반적인 상식도 나오고 하는 거야. 그런
데 너는 그런 식으로는 생각해 보지 않았으니까 쓸데없는 소리이고
어려운 소리인 것처럼 느껴졌던 거야."

"어휴, 어떻게 그런 식으로까지 생각을 해요. 그리고 무엇보다 자
신의 생각을 자신 있게 표현하는 게 논술의 기본이라고 하셨잖아요.
그리고 글을 읽을 때도 자신의 눈으로 봐야 한다고 누구나 이야기하
던데요."

"맞아, 네가 아주 논술의 정곡을 찌른 셈이다. 좋은 논술문을 쓰

기 위해서는 자신만의 안목과 견해를 갖는 게 아주 중요해. 하지만 찬찬히 생각해 보렴. 이 글에 대해 네가 가졌던 생각이 어디 너만의 생각이라고 할 수 있니? 네 또래 아이들이라면 누구나 했음직한 생각이지.

자, 조금 어렵겠지만 한 가지 비결을 가르쳐줄게. 네가 너만의 생각을 가지려면 무엇보다 스스로에게 당연하게 여겨지는 생각에 시비를 거는 훈련을 하도록 해. 자기 자신에게 삐딱하라는 거지. 그래야 상식을 뛰어넘는 너만의 안목이 생기는 거란다. 내 나중에 다시 설명해 줄 수 있을 거야. 지금은 그냥 그 정도만 알고 넘어 가자."

여론과 상식〉〉 "그리고 이건 아주 중요한 거니까 잘 듣도록 해라. 논술 시험에서 너무 지엽적이거나 전문적인 문제는 가능한 한 피하게 되어 있어. 설사 어떤 지엽적인 문제를 다룬 지문이 나오더라도 학생들에게는 상식적이거나 보편적인 문제로 바꾸어 글을 쓰게 하는 게 정상이야. 그런데 지금 내가 말하는 상식하고 아까 말한 상식하고는 전혀 다른 거란다.

우리는 흔히 여론을 상식이라고 생각하지. 그런데 위의 글은 그런 여론에서 벗어난 글이야. 히딩크가 한국에 남았으면 하는 다수의 여론에 반대해서 자신의 견해를 아주 또렷하게 제시하고 있잖아. 그런데 내가 보기에 그의 글은 아주 건전한 상식에 의거한 글이거든.

뭐가 달라졌는지 어리둥절하지? 그의 글이 건전한 상식에 의거한 글로 여겨질 수 있는 것은 한국축구대표팀 감독이었던 히딩크의

잔류 문제를 다루는 글이면서, 동시에 그 문제가 인간이라는 일반적인 문제로 확대되었기 때문이야. 한 명의 축구 감독의 거취 문제를 다루면서 단순히 축구의 논리에 머물러 있지 않고, 인간의 기본적이고 공통적인 문제까지 건드리고 있거든.

여론의 상식은 일시적고 지엽적인 것이지만, 그래서 쉽게 바뀔 수 있지만, 그렇게 틀을 넓혀서 제기하는 상식은 인간의 본질적인 문제를 염두에 두고 있기 때문에 쉽게 바뀌지 않는 거야. 그러한 건전한 상식은 여론에 의한 상식에 어긋나는 경우도 많단다. 네가 너만의 독창적인 글을 쓰는 것은 그러니까 네 안목이 넓어질 때 가능한 거지."

히딩크가 네덜란드로 돌아간 진짜 이유 〉〉 "되게 어렵네요. 아직은 뭐가 뭔지 모르겠어요."

"그럴 거야. 하지만 논술 고사에서 문제의 핵심을 파악하고 너만의 독창적인 글을 쓰려면 그 사실을 깨닫고 반드시 익혀야만 한단다. 자, 그 글을 가지고 한번 연습해 보자. 글 자체가 일반적인 것이 아니니까 그럴 가능성은 거의 없겠지만, 만약 위의 글이 논술 시험에서 지문으로 나왔다면 어떤 문제가 출제되었겠니?"

"제가 그걸 어떻게 맞춰요? 글쎄요. 글쓴이는 히딩크가 돌아가는 게 낫다고 했으니 그의 의견에 대해 찬성하는지 반대하는지 제 생각을 밝혀보라는 게 아닐까요?"

"그것도 문제가 될 수 있겠지. 하지만 어쩐지 너무 단순하잖아?

답도 뻔하고. 자, 찬찬히 살펴보면서 생각해 보자.

글쓴이는 히딩크가 네덜란드로 돌아가야만 한다고 몇 가지 이유를 들어 설명하고 있어. 우선 히딩크가 영웅 대접을 받고 있지만, 진짜 영웅은 자신이 아니라 선수들이라는 사실을 히딩크 자신이 잘 알고 있으리라는 게 첫째 이유야. 다음으로는 인생에서 승리의 순간은 한여름 밤의 꿈 같은 것일 뿐 영원할 수 없다는 것, 그러니 나중에 초라해지기 전에 물러서야 된다고 말하고 있어.

끝으로 히딩크가 진정으로 칭송을 받는 것은 한국 축구팀을 위해 그가 이룩한 것에 대해서이지 그 이상도 그 이하도 아니어야 한다고 말하면서, 히딩크 자신도 그러한 온당한 칭송에 대해서만 진정으로 감동하리라고 말하고 있지. 그리고 한국인들도 이제 그 열광에서 벗어나 차분한 일상으로 돌아갈 것을 권하면서 글을 끝맺고 있어. 어때, 내 말에 어디 틀린 데는 없니?"

히딩크와 논술 문제 》 "그렇게 요약을 하니까 간단하네요. 그런데 그걸로 무슨 문제를 낼 수 있는 거예요?"

"예를 들면 이런 게 있을 수 있겠지.

위의 글쓴이는 '한국인들은 이 남자를 잊지 못할 것이다. 그는 한국 역사에서 놀라운 한 달을 창조해냈다. 하지만 이 모든 것은 한여름 밤의 꿈이다. 상황은 결코 되풀이되지 않을 것이며, 그는 다른 모든 사람들처럼 늙고 지쳐 수백만의 한국인을 거리로 끌어낸 능력을 잃어갈 것이다'라고 말하면서 인생에서 이룬 영광된 일의 덧없음에 대해 말하고 있다.

당신은 그의 의견에 동의하는가? 만일 동의한다면 인생의 의미는 과연 어디에 있는가를 당신이 읽은 책이나 영화에서 본 것과 당신의 경험을 참조해서 서술하라. 그리고 만일 동의하지 않는다면 글쓴이의 의도를 중심으로 하여 역시 당신의 독서와 경험을 바탕으로 글쓴이에게 반박하는 글을 써라.

어때, 축구에 관한 글을 가지고도 아주 근본적인 문제를 만들어 낼 수 있겠지? 그리고 이런 글을 읽으면서 네 생각도 거기까지 가 보아야 해."

"하지만 너무 큰 문제 아닌가요?"

"그래, 좀 거창해진 감이 있긴 해. 하지만 논술에 대비하려면 사람살이의 기본이 되는 문제들에 대해 자신의 생각을 정리해 놓는 연습을 할 필요가 있단다. 그래야 글에 깊이도 생기고 독창성도 생기는 거야. 그리고 무슨 글을 접하든지 그런 기본적인 문제점을 염두에 두면서 읽는 게 중요하단다. 우리는 위의 글에서 다른 문제들도 이끌어 낼 수 있어. 예를 들어볼까?

월드컵 기간 중에 우리나라 사람들, 참 신났었지. 하지만 그런 일이 늘 있을 수 있는 건 아니잖니? 우리는 우리의 일상으로 돌아가야 되는 거고. 그렇다고 그 신나는 축제가 아무 의미가 없는 것은 아니지.

그렇다면 우리의 삶에서 축제라든지 휴식 같은 것이 갖는 의미와 기능을 묻는 문제가 나올 수 있어. 더욱이 요즈음은 여가를 어떻게 효과적으로 보내는가 하는 문제가 커다란 사회적 이슈로 떠오르고 있잖아.

그리고 이런 문제도 있을 수 있단다. 어찌 되었건 히딩크는 영웅이 되었잖아. 영웅이 된다는 것은 보람 있는 일이지. 그렇지만 그에게도 개인적인 삶은 있기 마련이야. 거기에 착안하면 이런 문제가 나오게 될 거야.

> 만일 히딩크가 개인적인 사정으로 보면 네덜란드로 돌아가야 하고 공적인 상황으로 보면 한국 축구팀에 남아야만 하는 입장에 처해 있다면 당신은 어떤 조언을 하겠는가? 그리고 만일 당신이 그런 입장에 처한다면 어떻게 행동하겠는가?

그렇게 거창한 문제가 아니면서 우리가 언제고 마주칠 수 있는 상황이지? 그런 걸 우리는 기본적이고 공통적인 문제라고 하는 거야. 그런 문제는 네가 앞으로 어느 대학에 가서 어떤 학문을 전공하건 그리고 네가 어떤 일에 종사하게 되건 언제고 마주칠 수 있는 문제잖아."

세상은 복잡한 듯하면서도 실제로는 단순하다 》 "좀 알 것 같아요. 하지만 살아가면서 생각해 봐야 할 문제가 어디 하나 둘인가요? 그리고 반 년 동안 읽은 신문 글들만 봐도 벌써 어지러울 정도로 오만 가지 이야기가 다 들어 있잖아요."

"그래, 정말 너무 복잡하지. 하지만 안심해라. 세상은 한없이 복잡한 듯하면서 아주 단순하기도 해. 생각하고 경험할 게 수없이 많은 것 같지만, 실은 몇 가지 범주로 나눌 수가 있단다. 너, 내가 처음에 책이 무엇인지에 대해 이야기해 준 적이 있지. 그리고 사람이 가질 수 있는 관심 분야를 크게 셋으로 나누었던 거 생각나니?"

"네, 생각나요. 그 복잡하고 다양해 보이는 책들이 학교 교과목하고 비슷하다고 제가 말했었지요?"

"그래, 잘 기억하고 있구나. 실은 사람이 갖고 있는 관심 분야는 어찌 보면 그렇게 단순한 거야. 우리가 살면서 생각해 보아야 할 문제라는 건 그 세 범주를 조금 세분화한 거라고 보면 된단다."

다시 반복하지만 논술 고사는 기본 문제를 출제하는 것이 원칙이다. 그리고 그러한 기본 문제에 대한 여러분의 견해를 설득력 있게 제시하기 위하여 여러분이 경험한 것, 책에서 읽은 내용이나 지식, 신문에서 읽은 시사적인 문제들을 구체적인 논거로 사용하면 된다.

그러나 간혹 문제가 반대 방향으로 제시되는 경우도 있다. 이를테면 구체적이고 시사적인 지문을 제시한 후에 대립되는 견해에 대해 여러분의 의견을 묻는 경우이다. 그러나 그런 경우에도 전혀 당황할 필요가 없다. 앞서 히딩크에 관한 글에서 보았듯이 문제를 추상화하여 기본적인 문제로 바꾸어 생각하면 여러분의 글에는 훨씬 깊이가 생길 것이다.

문제를 추상화하라 >> 어떤 문제가 출제되든 그 문제를 사람이 지상에 존재해 온 이래 언제나 가지고 있던 기본 문제의 하나로 바꾸어 생각하라. 그리고 그런 문제에 대한 자신의 입장을 미리 확실하게 정해 두어라. 시사적 상식이나 지식은 그러한 자신의 기본 생각을 뒷받침하는 자료로 활용하라. 문제가 훨씬 명료해지고 쉬워진다.

한 가지 예를 더 들어보자. 청계천 복원 문제를 놓고 여러분의 의견을 묻는 문제가 출제되었다고 치자. 여러분은 그 안(案)에 찬성할 수도 있고 반대할 수도 있다. 그러나 그런 시사 문제를 단순히 시사적으로만 접근해서는 자신의 시각이 들어있는 좋은 글을 쓸 수 없다. 문제를 훨씬 본질적인 문제로 바꿀 줄 알아야 한다.

그런 문제가 출제되면 아마 여러분은 신문에서 읽은 기사 내용을 기억해내려고 애를 쓰거나 그 문제에 대한 기본 상식이나 지식을 떠올리기 위해 머리를 쥐어짤 것이다. 그리고 서울의 환경과 유적을 되살리는 일이 더 중요한지 청계천 복원에 들어가는 천문학적 비용 문제가 더 심각한지 고민을 한 후에 답안을 쓰려 할 것이다. 그러나 시사 문제에 시사적으로 접근해서 답안지를 작성하려고 하면 할수록 여러분은 헤매게 된다. 여러분은 그 문제에 대해 현실적인 답을 제시할 만큼 전문가가 아니기 때문이다.

게다가 문제를 그런 식으로 접근하려다 보면 더 큰 낭패를 당하기 쉽다. 자신이 공부하지 않은 문제가 나오면 당황한 나머지 횡설수설하다 시간만 보내기 십상인 것이다.

그 경우 과감하게 주어진 문제를 추상적인 문제로 바꾸어 생각하는 것이 상책이다. 예컨대 인간은 인간의 이익을 위해 자연을 최대한 이용해야 하는지 역으로 조금 손해를 보더라도 자연을 보호해야 하는지에 대한 차원에서 접근할 수 있다. 그 경우 자연과 인간의 관계에 대해 평소에 여러분이 생각해 놓은 것이 큰 도움이 될 수 있고,

환경 운동 등에 대해 여러분이 가지고 있던 정보나 지식이 유용하게 사용될 수도 있다.

또는 경제적 가치가 인간 행위의 궁극적 동기가 되어야 하는지 아니면 심미적 가치가 더 중요한지에 대해 평상시 생각을 정리해 놓은 것이 있다면, 그 방향으로 논리를 전개할 수도 있다. 그리고 그 두 가지 관점을 동시에 묶어서 글을 풀어나갈 수도 있다.

그러나 어떤 경우라도 문제를 구체적으로 그리고 현실적으로 해결할 방안을 내놓겠다는 야심은 품지 않는 게 좋다. 만일 여러분이 다행스럽게 그 문제에 대해 상당한 상식을 지니고 있는 경우라 하더라도 그러한 상식은 글을 윤택하게 하는 데 사용되어야지 글의 중심이 되어서는 안 된다.

인간의 기본적인 관심사 〉〉 나는 고수에게 말했다.

"자, 한 가지만 명심하도록 해. 세상사라는 것은 복잡하면서 실은 단순하다. 이게 논술 고사 주제에 접근하는 첫 번째 비결이란다."

"그렇다면 참 다행이네요. 전 신문 읽으면서 상식도 생기고 지식도 생기는 것 같아서 신이 났지만, 한편으로는 걱정도 많았거든요.

이렇게 끝도 없이 이어지는 시사 문제들을 어떻게 일일이 다 익혀야 하는지 막막하기도 해서요. 세상엔 끊임없이 무슨 일이 벌어지고 또 세상은 자꾸 변해가니까요."

"그래, 세상은 변해가는 게 사실이란다. 너도 변하잖아. 하지만 사람의 기본 생각이나 관심은 그렇게 크게 변하지 않는다고 봐도 돼."

"그럼 사람의 그런 큰 관심사에는 어떤 것들이 있나요?"

"궁금하지? 그렇지만 너무 서둘지 말자꾸나. 네가 책을 더 읽고 신문도 더 읽어서 상식도 늘고 지식도 쌓인 후에 정리를 해도 늦지 않아. 하지만 네가 궁금해 하니까 몇 가지만 일러주지. 너, 내가 처음에 일러준 거 잘 기억하고 있더구나.

사람은 자신의 삶을 보람되게 만드는 길을 열심히 찾는다, 그리고 사람은 어떻게 남들과 잘 어울려 살 수 있는가를 모색한다, 또한 사람은 자신을 둘러싸고 있는 환경과의 관계도 끊임없이 질문의 대상으로 삼는다, 라고 내가 말했었지? 크게 보면 위의 세 가지가 사람의 기본적인 관심사의 큰 틀이라고 할 수 있어. 그리고 그것을 조금 자세하게 나누면 인간의 기본적인 관심사들이 모습을 드러내는 거지.

말하자면 행복은 무엇이냐? 인간의 삶은 발전해 왔는가? 인간이 유토피아를 만들 수 있는가? 전쟁은 왜 일어나는가? 정의로운 사회는 어떤 것인가? 인간은 자연을 정복해야 하는가, 아니면 자연과 조화를 이루며 살아야 하는가? 종교는 왜 생겨났는가? 과학과 종교는 어떻게 다른가? 예술이란 무엇인가? 등등의 문제들이 그런 거라고 볼 수 있단다.

우리 주변에서 일어나고 있는 모든 일들은 그런 커다란 범주 안에 포함된다고 보면 돼. 아무리 세상이 변하고 새로운 문제가 끊임없이 나타나는 것 같아도 결국은 삶과 관련된 기본 질문이 모양만 바뀌어서 나타난 거란다.

자, 오늘은 여기까지만 이해하기로 하자. 구체적인 주제 정리는 내가 나중에 해줄게. 논술의 주제는 그런 거구나 하는 것만 어렴풋이 이해했다면, 이제 그런 주제를 가지고 어떻게 구체적으로 글을 쓸 수 있을까 하는 공부를 해보기로 하자."

나는 고수에게 히딩크에 관한 글을 가지고 앞서 내가 만든 문제를 숙제로 내주었다. 여러분도 같은 문제를 가지고 연습을 해보라. 그리고 여러분의 글이 다음에 일러줄 글의 기본에 어떻게 어긋나고 들어맞는지 스스로 채점해 보라.

그런 후 여러분 스스로 약점을 고치는 연습을 해보라. 그래야 자신만의 글의 색깔을 지닐 수 있게 된다.

나만의 스타일을 만들어라

무엇이 문제인가?>> 글쓰기의 기본 요령은 예상보다 간단하다. 자신만의 생각을 자신 있게 제시하라. 모범 답안은 없다. 그리고 자신의 기질에 맞는 글을 흉내 내어 쓰는 연습을 하라.

며칠 후에 고수가 자신이 쓴 글을 들고 찾아 왔다. 내가 아이에게 내준 문제를 다시 써보면 아래와 같다.

> 위의 글쓴이는 '한국인들은 이 남자를 잊지 못할 것이다. 그는 한국 역사에서 놀라운 한 달을 창조해냈다. 하지만 이 모든 것은 한여름 밤의 꿈이다. 상황은 결코 되풀이되지 않을 것이며 그는 다른 모든 사람들처럼 늙고 지쳐 수백만의 한국인을 거리로 끌어낸 능력을 잃어갈 것이다'라고 말하면서 인생에서 이룬 영광된 일의 덧없음에 대해 말하고 있다.
> 당신은 그의 의견에 동의하는가? 만일 동의한다면 인생의 의미는 과연 어디에

있는가를 당신이 읽은 책이나 영화에서 본 것과 당신의 경험을 참조해서 서술하라. 그리고 만일 동의하지 않는다면 글쓴이의 의도를 중심으로 하여 역시 당신의 독서와 경험을 바탕으로 글쓴이에게 반박하는 글을 써라.

고수의 글은 대체적으로 만족스러운 수준이었고, 위에 열거한 잘못들을 크게 범하지도 않았다. 그렇지만 아주 잘된 글이라고 하기에는 아직 미흡한 점이 많았다.

고수 스스로도 무언가 미흡한 표정이었다.

"잘 썼어. 그런데 이 정도로 쓰고 나니까 만족스럽니?"

"열심히 쓰긴 했는데 무언가 맘에 안 들어요. 아버지께 보여드렸더니 잘 썼다고 하시면서도 뭔가 아쉬운 표정이셨어요. 근데 뭐가 문젠지 잘 모르겠어요."

"알았어. 뭐가 문젠지 내가 가르쳐주지."

무난함이라는 함정》 사실 고수의 글은 아주 무난한 글이었다. 그런데 그 무난하다는 게 바로 문제였다. 여러분들도 시사적인 화제를 어느 정도 파악하게 되고, 글쓰기의 기본을 어느 정도 익히게 되면 빠지는 함정이 있다. 너무 모범 답안 같은 글을 쓰려고 애를 쓰게 된다는 함정이다.

여러분이 학교에서 내준 작문 숙제를 하면서 자신만의 생각을 자신 있게 글로 써서 제시한 경험은 손에 꼽을 정도로 적을 것이다.

글을 쓰면서 선생님의 얼굴을 눈앞에 떠올렸기 때문이다. 모범 답안은 아예 없다고 생각하고 선생님의 얼굴을 지워라. 그래야 자유로운 상상력이 발휘된다.

그리고 책에서 읽은 내용이나 신문·잡지에서 하는 말을 앵무새처럼 반복하는 경우도 많다. 그런 방식으로 글을 쓰게 되면 자신의 의견이 명확하게 드러나지 않을 뿐 아니라 둘 다 옳지 못하다거나 둘 다 옳다는 식의 어정쩡한 글을 쓰게 될 우려가 있다. 아무런 사전 지식이 없다고 생각하고 스스로 답을 구해라.

논술에는 모범 답안이 없다》 고수는 바로 그러한 함정에 빠져 있었다. 아직 어려서인지 아이의 성격 때문인지 고수의 글은 대체로 인생의 의미는 자신이 원하는 바를 성취하는 데 있다는 쪽으로 기울어 있었다. 그리고 고수는 그러한 논거를 뒷받침하기 위해 '사람에게 있어서 진정한 행복은 무엇인가'라는 문제로 방향을 정하고 있었다.

인생에서의 크나큰 성취의 의미에 대한 문제를 놓고, '사람의 행복이란 무엇인가'라는 주제로 방향을 전환한 것은 아주 좋았다. 그런데 글을 쓰면서 고수는 모범 답안을 써야 좋은 점수를 받을 수 있다는 고정관념에 빠져버리고 말았다.

사실 우리 교육은 대개 주입식으로 이루어져 있다. 그리고 배운 내용을 충실히 암기해야만 좋은 점수를 받는 시험에 너무 익숙해 있다. 다른 과목이야 어떨지 모르지만 논술 공부를 할 때는 그런 버릇을 하루 빨리 버려야 한다.

힘없는 상식보다 힘있는 비상식을 담아라 〉〉 좋은 글을
쓰려면 한마디로 삐딱이가 되어야 한다. 참신하면서도 자신의 주장이
살아있는 글을 쓰기 위해서는 다른 각도에서 보는 훈련이 필요하다.

예를 하나 들어보자. 우리나라의 장애인 정책이 많은 문제점을
가지고 있다는 것은 주지의 사실이다. 장애인 시설을 설치해 놓고도
예산 문제로 용도 폐기된 사례가 신문이나 텔레비전에 종종 보도되
기도 한다.

만일 그러한 문제를 가지고 글을 쓰는 경우 대부분의 답안지의
방향은 이미 정해져 있는 것이나 다름없다. 사회 정의의 차원에서
접근하건, 인권 문제로 접근하건, 국가의 의무라는 관점에서 접근하
건 결론은 대개 정부가 장애인 정책을 수정해야 한다는 식으로 마무
리될 것이다.

여러분이 만일 진정으로 장애인 정책에 문제가 있다고 생각한다
면 그런 방향으로 논리를 전개해도 좋다. 다만 그 경우에도 교과서
에서 배운 내용이나 신문·잡지에서 읽은 내용을 억지로 암기해서
글을 쓰려고 한다면, 그 글은 죽은 글이 되기 쉽다. 여러분 주변에서
일어나는 구체적인 사례를 들어 여러분이 피부로 그렇게 느끼고 있
다는 점이 드러나도록 해야 한다.

그러나 여러분은 얼마든지 다른 견해를 제시할 수도 있다. 예를
들면 경제적 측면에서 위의 주제에 접근할 수도 있다. 일 년에 몇

번 사용되지도 않는 장애인 시설을 관리하기 위해 많은 예산을 투입할 만큼 우리 경제가 아직 넉넉하지 않다는 의견을 제시할 수도 있고, 한 사회의 발전을 위해서는 소수의 희생이 필수적이라는 견해를 내놓을 수도 있다.

좀 부도덕하다거나 극단적인 예라는 느낌도 들지만, 그런 예를 든 것은 논술문을 쓰면서 모범 답안이나 상식을 너무 의식하지 말라는 것을 강조하기 위해서이다. 어떤 문제가 나오더라도 자기 자신의 솔직한 생각이 무엇인가를 우선 점검한 후, 자신의 생각과 일치하는 글을 써라. 힘없는 상식보다 힘있는 비상식으로 이루어진 글이 살아 있는 글이다.

어설프게 성숙한 결론 》 고수의 글은 개인의 행복이란 살아가면서 자신이 진정으로 하고 싶은 그 무엇을 성취하느냐 아니냐에 달려 있다는 생각을 바탕에 깔고 있었다. 그래서 비록 나중에 허무하다는 생각이 들더라도 열심히 노력해서 자신이 원하는 바를 성취해야 한다는 것이 아이가 쓴 글의 주요 취지였다. 그리고 그 글의 커다란 흐름은 그의 평소 생각과도 일치한다는 것을 금방 알 수 있었다.

그런데 글을 쓰는 도중에 그만 학교에서 배운 도덕 교과서의 내용이 생각난 모양이었다. 그래서인지 아무리 자신의 행복이 중요하더라도 남의 행복도 고려할 줄 알아야 한다는 내용이 쓸데없이 들어가 있었다. 게다가 비록 덧없는 인생일지라도 우리는 우리의 인생을 사랑할 줄 알아야 한다는 점잖은 충고까지 곁들여 있었다.

위의 문제를 행복의 관점에서 접근하면서 '개인의 행복과 사회적 의무 중 어느 것이 더 중요한가'라는 질문을 제기할 수도 있다. 그리고 살아가는 동안 무언가 의미 있는 일을 하고 거기서 성취감을 느끼는 것도 중요하지만, 성공에만 집착하는 것은 문제가 있다는 글을 쓸 수도 있다. 그래서 성공에 너무 도취되지 말고, 나중에 찾아올지 모르는 허무감을 극복하는 방법도 고민해 봐야 한다는 결론까지 유도해낸다면 그 자세는 아주 성숙한 자세이기도 하다. 그런데 문제는 그 성숙함이 어설픈 성숙함이라는 데 있다.

논술은 도덕 시험이 아니다〉〉 고수는 인생의 의미를 묻는 도덕 시험이라면 좋은 점수를 받을 만한 모범 답안을 만들어 놓았다. 하지만 좋은 글이란 아무 데서나 찾아볼 수 있는 천편일률적인 모범 답안이 들어 있는 글이 아니다.

나는 아이에게 물었다.

"너, 전에 자기 자신에게 시비를 거는 훈련을 하라고 내가 말했던 거 기억나니?"

"그래요. 자기 자신에게 삐딱하라고 하셨지요. 그래야 상식을 뛰어넘는 저만이 안목이 생긴다고요."

"그래. 용케도 기억하고 있구나. 너, 이제 그 뜻을 좀 알겠니?"

"글쎄요. 알 것도 같고 모를 것도 같고, 하여튼 잘 모르겠네요."

"자, 내 얘기 잘 들어라. 너, 글을 쓰다 보니까 이런저런 생각이 뒤죽박죽으로 많이 떠오르지? 학교에서 배운 거, 신문에서 읽은 거, 텔레비전에서 본 거랑 네가 솔직히 느끼는 것들이 그냥 막 떠오를 거야.

그런데 가만히 생각해봐. 학교에서 배운 거나 신문이나 텔레비전에서 본 것들은 솔직히 너만의 생각이라고는 할 수 없지. 그냥 아무 생각 없이 받아들인 게 대부분일 거야. 그런데 너는 그걸 네 생각이라고 착각하고 있고.

그러니까 글이 그렇게 어색해진 거야. 네가 알고 있는 상식이나 지식은 네가 그냥 어설프게 받아들이고 있었기 때문에 진정으로 네 생각이라고 할 수 없는 거야. 자기 자신에게 삐딱하라는 것은 네가 아무 생각 없이 자기 것으로 여기고 있었던 생각들을 한번 되짚어보라는 의미란다. 자, 네 글을 갖고 얘기해 보자."

맘에 없는 말은 하지 마라 》 "너, 글쓴이의 의견에 별로 동의하지 않지? 솔직히 대답해 봐."

"그래요. 무슨 일이든 한여름 밤의 꿈 같은 거라면 어디 뭐든 할 의욕이 나겠어요? 히딩크가 한 일은 큰 의미가 있잖아요. 근데 결국은 허망한 일이라고 미리 생각했다면, 그렇게 열심히 선수들을 지도했을까요? 그런 생각 안 하고 눈에 닥친 일을 열심히 하는 게 훨씬 낫지요."

"너, 분명히 그렇게 생각했는데 글은 왜 그렇게 안 썼니?"

"자신이 없었어요. 글 쓴 사람 생각도 뭔가 옳은 게 있다고 느꼈거든요."

"맞아. 네 생각은 글쓴이의 의도를 오해한 점도 있어. 하지만 아직은 네가 그걸 완전히 깨닫기는 어렵지. 네가 그런 글을 쓴 것은 어설프게 배운 상식이나 지식을 네 생각인 줄 착각했기 때문이야. 그러니 맘에도 없는 글을 썼지. 절대로 맘에도 없는 얘기를 쓰면 안 돼. 뒤에 덧붙인 얘기들은 네 생각이 아니라는 거 누구나 금방 알 수 있어. 그런 글로 남을 설득할 수 있겠니?

글이란 남의 마음에 들 만한 생각을 보여주려고 쓰는 게 아냐. 네 자신이 어떻게 느꼈고 어떻게 생각하는지를 보여주려고 글을 쓰는 거야. 그리고 좋은 글을 쓰려면 무엇보다 자기 생각에 대해 자신을 갖는 게 중요하단다. 무슨 생각이든 일단 자신을 가져. 그래야 자기 글의 스타일이 생기는 거란다. 하지만 그 이야기는 조금 있다가 하기로 하자.

우선은 네 글에 나와 있는 생각이 정말로 네 생각이라는 느낌을 줄 수 있어야 한다는 것만 명심하도록 해라."

폼 잡지 마라》 "그런 글을 쓸 수 있는 기본 요령을 한 가지만 일러줄게. 주어진 주제가 아무리 추상적이더라도 네 일상 생활에서 겪은 일이나 시사 문제로부터 글을 시작하도록 해. 실제 논술문을 쓸 때는 조금 다르겠지만, 우선 네 냄새가 나는 살아있는 글을 쓰려면 반드시 필요한 연습이란다.

위의 문제는 인생의 의미에 대해서 묻고 있지? 그때 인생이 무엇인지 억지로 쥐어 짜내려 하거나 삶에 도움이 되는 속담 같은 걸로 글을 시작하려고 하지마.

너, 속담을 인용하면서 글을 시작했지? '꿩 잡는 게 매'라고? 그 럴듯해. 글에 폼도 좀 나는 것 같고. 하지만 고사성어나 속담부터 들먹이면서 글을 시작하면 읽는 이는 금방 질려 버린단다. 너, 평상시 친구들하고 대화할 때 속담 들먹이니? 금방 이상한 애 취급받을 걸. 마찬가지야. 논술 답안지에도 고사성어나 속담이 먼저 나오면 읽는 이에게는 그 글이 금방 죽은 글로 여겨지게 될 거야. 글을 쓰기 위해 억지로 폼 잡은 걸로 보이는 거지.

이렇게 생각해. 글을 쓰려고 특별히 폼 잡는 글은 빵점이다, 라고."

구체적인 사례로부터 호기심을 유발하라》 "너, 문학 작품 가지고 상상력 훈련했잖아. 그때 참 자유로웠지?. 아무 얘기나 네 맘대로 써도 됐으니까. 논술문을 포함해서 모든 글이 다 마찬가지야. 우선은 구체적인 사례를 떠올린 후 마음대로 상상해 보는 거야.

예를 들어 공공 의식이나 준법 정신에 관한 글쓰기 숙제를 선생님이 내주셨다고 치자. 누가 좋은 점수를 받겠니? 공공 의식에 대한 교과서적인 답만 나열하면서 사람은 사회적 동물이니까 남을 배려해야 한다고 결론을 맺으면 선생님은 금방 하품하실 거다.

그보다는 너희 집에서 일어난 구체적인 일을 바탕으로 글을 쓰면 선생님은 아마 호기심을 느끼실 거야. 가정은 사회의 축소판이니까 별별 일이 다 일어날 수 있거든. 너, 누나가 다른 가족 생각은 안 하고 자기 맘대로여서 이기적이라고 느낀 적이 분명히 있었을 거야. 그런 구체적인 경험을 바탕으로 글을 쓰면 그 글은 살아있는 글이 되는 거야.

그런데 네 글에는 네가 배운 지식이랑 교과서 같은 이야기에다가 네 주장이 뒤범벅이 되어 있어. 그래서 옳은 얘기이기는 한데 따분한 글이 된 거지. 그런 글을 쓰니까 너도 뭔가 찜찜하잖아."

몸에 맞지 않는 옷 》 나는 고수에게 아주 중요한 또 한 가지를 일러주었다. 그런 연습을 하다 보면 저절로 자기 글이 색깔을 가질 수 있게 된다는 점이었다.

우리는 논술 공부를 시킬 때 대개 모범적인 글의 구성 요령을 가르친다. 좋은 글이 잘 짜여져 있는 것은 사실이다. 하지만 글을 구성하는 방법은 한 가지만 있는 것이 아니다. 사람의 기질이나 생각에 따라 글의 성격도 달라지고, 구성 방법도 달라진다.

대부분의 선생님들이 가장 모범적인 글의 뼈대로 권하는 것이 변증법이다. 그러나 변증법은 대단히 세련된 글쓰기의 범주에 속한다. 하나의 의견을 충분히 검토하고 그에 반대되는 의견도 살펴본 후에 그 두 의견을 종합해서 보다 나은 의견을 제시한다는 게 어디 말처럼 쉬운 일인가?

사람에 따라서는 변증법적인 사고 방식보다 일도 양단식으로 편을 가르는 사고에 익숙한 사람도 많으며, 대립되는 견해를 모두 옳다고 해야 속이 편해지는 사람도 있다. 그런 사람에게 변증법적인 글쓰기만을 강요하는 것은 억지로 몸에 맞지 않는 옷을 입히려는 것과 같다.

쉽게 읽히는 글, 잘 안 읽히는 글 》 나는 고수에게 물었다.

"너, 신문 기사들 읽었지? 그런데 쉽게 읽히는 글도 있고 잘 안 읽히는 글도 있었을 거야. 왜 어떤 글은 잘 읽히고 어떤 글은 그렇지 않았을까?"

"어려운 글은 잘 안 읽히고 쉬운 글은 잘 읽힌 거 아녜요?"

"간단하게 정답을 얘기하네. 사실이야. 그리고 잘 쓴 글은 잘 읽히고 잘못 쓴 글은 잘 안 읽히는 게 보통이지. 하지만 그게 그렇게 간단하지 않아. 너, 가서 다시 확인해 봐라. 너에게 잘 안 읽혔던 글의 내용이 정말로 그렇게 어려웠던 건지. 물론 내용이 어려웠던 경우도 있었겠지만 아닌 글도 많을걸."

"그렇다고 치고요. 뭐가 문제 됐던 거지요?"

"간단히 얘기해 주지. 네 기질에 맞는 글이 쉽게 읽혔던 거야."

"기질이요?"

"그래. 좀 복잡한 얘기니까 길게 설명은 안 할게. 이렇게 얘기하자꾸나. 사람이 쓴 글에는 당연히 그 사람의 기질이 들어가 있지. 내용과는 상관없이 기질에 맞는 글은 왠지 친숙해서 쉽게 읽히는 거야. 너랑 다른 의견을 내세우는 글도 기질상 너와 맞으면 금방 친숙해지는 거지.

글에 들어 있는 그 기질을 우리는 문체라고 하기도 하고 스타일이라고 하기도 해. 그러니까 네가 어떤 글을 쉽게 이해하는가를 살펴보고 그와 비슷한 글을 쓰는 연습을 하면, 바로 네 글의 문체 연습이 되고 스타일 훈련이 되는 거야."

모방은 논술의 어머니?! 〉〉 "좋은 글을 쓰는 비결 중의 하나는 마음에 드는 글을 흉내 내서 연습해 보는 거란다. 그렇게 해서 자기 기질에 맞는 글쓰기 훈련을 하는 거야."

영리한 고수는 금방 내게 물었다.

"전에는 남들의 생각을 그대로 반복하지 말라고 하셨잖아요. 모범 답안을 쓰지 말고 자기 생각을 솔직하게 쓰라고 하셨고요. 그런데 왜 남의 글을 흉내 내라고 하시는 거지요?"

"네가 보기에도 이상하지? 하지만 하나도 이상한 게 아니란다. 상식적인 모범 답안을 앵무새처럼 되풀이하는 것과 남의 글을 흉내 내 보는 것은 그 성격이 전혀 다르단다.

내가 자세한 얘기는 안 할게. 너한테는 조금 어려운 문제니까. 그냥 이렇게 생각해. 남의 생각을 그대로 따르면 글의 독창성이 죽어버리고 글이 맥없어지지만, 좋은 글을 흉내 내는 연습을 하다 보면 오히려 자기에게 걸맞는 스타일의 글쓰기 방법을 익히게 된다고.

너, 유명한 작가들 중에 초기에는 남의 글을 열심히 읽고 그 흉내를 내면서 문학적 소양을 기른 사람이 많다는 건 모르지? 이상하지? 작가란 무엇보다 독창성을 금과옥조로 여기는 사람들이잖아?

그런데 독창적이라는 평판을 받고 있는 작가들 중에는 남의 작품을 아주 뛰어나게 모방할 줄 알았던 사람들이 많아. 남의 글을 모방하는 훈련을 하면서 자신의 독창성도 길러지는 거야. 아주 신기한 일이지.

그러니까 네 글이 살아있는 글이 되게 하려면 좋은 글들을 모방하는 훈련을 하는 게 최고야. 안심하고 내 말을 믿어. 네가 더 크면 어떻게 해서 그런 일이 일어나는지 설명해 줄 기회가 있을 거다."

흉내 내며 배우기 〉〉 나는 고수를 가르쳐 오면서 아이가 은근히 자기 주장이 강하다는 것을 알았다. 나는 고수에게 말했다.

"너, 나한테 솔직히 얘기해 봐. 이거면 이거, 저거면 저거 하면서 딱 부러지는 얘기를 하는 글이 맘에 들지?"

"그런 거 같아요."

"그럼 망설이지 말고 글을 힘있게 쓰려고 애를 써라. 집에 가서 신문의 글들을 다시 살펴보고, 그렇게 자기 주장이 강하게 나와 있는 글들을 고르도록 해."

"그걸 어떻게 고르지요?"

"그렇게 어렵지 않아. 아버지가 오려주신 신문의 글을 우선 편하게 읽어봐. 가능하면 별 생각 없이 읽도록 해. 그렇게 읽으면서 단번에 쉽게 이해되는 글들을 우선 골라내.

그 중에는 아마 너랑 의견이 같아서 쉽게 읽은 글들도 있을 거야. 하지만 기본적으로 네가 쉽게 읽은 글은 네 기질에 맞아서 그리 된 경우가 많아. 그걸 고르는 거야.

그 중 제일 마음에 드는 글을 한두 개 골라서 앞으로 글을 쓸 때 그 흉내를 내도록 해. 흉내 내는 거야 별로 어렵지 않겠지?"

"글쎄요. 잘 모르겠어요. 어떻게 흉내를 내지요?"

"일단 글쓰기에 앞서 우선 신문에서 골라 놓은 글들을 읽어봐. 그리고 그 글을 네가 따라야 할 모범이라고 생각해. 그리고 그 사람들 입장이었다면 어떻게 글을 전개했을까를 생각하고, 그 사람이 글을 쓴 방식을 흉내 내보면 되는 거지.

다시 말하지만 신문에 실린 글들은 대개 그 분야에서 제일 글을 잘 쓰는 사람들의 글이라고 생각해도 틀림없단다. 그런 글들을 흉내 내보는 건 글쓰기 공부에 아주 큰 도움이 돼. 그러면서 그 사람들이 지니고 있는 지식을 배우는 게 아니라 글 쓰는 방식을 배우게 되는 거지."

체질에 맞는 글쓰기〉〉 여러분에게도 고수처럼 여러분 나름대로의 기질이 있다. 자신의 기질을 발견해서 자신과 맞는 글쓰기 훈련을 해야 한다.

여러분은 고수처럼 자기가 가지고 있는 생각을 강하게 주장하는 기질을 갖고 있을 수도 있다. 논술 고사는 대개 한 가지 주제에 대해 대립되는 견해들을 제시하고, 학생들의 의견을 묻는 식으로 출제된다. 만약 여러분이 대립되는 여러 의견들 중에 한 가지 의견을 선택해서 그 의견이 왜 정당한가를 강하게 주장하고 입증하는 글들이 마음에 들었다면 여러분은 고수와 같은 기질을 갖고 있다고 생각하면 된다.

그런 경우 다른 사람들의 의견도 중시해야 한다는 모범적인 생각에서 벗어나야 한다. 그래야 여러분의 체질에 맞는 글쓰기를 할 수 있다.

강한 기질 : 다른 의견을 존중하라》 그러나 한 가지 주의 사항이 있다. 자신의 주장을 강하게 주장하기 위해 다른 의견을 완전히 무시하라는 것은 아니다. 앞에서 고수에게 숙제로 주었던 문제를 예로 들어 생각해 보자.

고수는 분명히 원하는 것을 성취하겠다는 강한 의욕이 우리의 인생에서 중요하다고 생각하고 있다. 그 경우 왜 그러한 주장이 가능한가 설득력 있는 글을 쓰려면 그와는 다른 의견을 아예 무시해서는 안 된다. 자신의 의견과는 다른 견해가 있을 수 있음도 생각하고, 그 견해를 반박하면서 자신의 주장에 힘을 실을 줄 알아야 한다.

예를 들어 개인의 행복보다는 사회적 의무가 더 중요하다고 생각하는 사람도 있을 수 있다는 방향으로 논의를 전개시킨다. 그런 후에 그 생각을 반박하면서 자신의 견해에 무게를 부여한다. 그렇게

되면 자신의 주장이 우물 안 개구리 식의 주장이 아니라 다른 입장
들도 충분히 고려한 후에 나온 속 깊은 주장이라는 느낌을 읽는 이
에게 줄 수 있다.

다른 의견을 무시하기보다는 자신의 주장에 힘을 싣는 데 반대
의견들을 이용하라.

부드러운 기질 : 우선 순위를 정하지 마라〉〉 여러분은

상황에 따라 각기 다른 의견들이 모두 나름대로 일리가 있다고 생각
하는 데 익숙할 수도 있다. 그런 경우 자기 자신만의 주장을 강하게
제시하는 글을 읽더라도 여러분은 쉽게 설득당하지 않을 것이다.

만일 여러분이 그런 기질을 가졌다면, 여러분의 글을 힘있는 글
로 만들기 위해 애쓸 필요가 없다. 그 경우에는 오히려 여러분의
포용력을 부드럽게 보여주는 것이 더 자연스러운 글을 쓸 수 있게
한다.

다시 위의 예를 들어보자. 여러분은 살아가는 동안 의미 있는 일
을 하려는 의욕도 아주 중요하고, 그러한 성취욕으로 이룩한 일이
궁극적으로는 허무할 수 있다고 생각하는 것도 나름대로 일리가 있
다는 의견을 가질 수 있다.

만일 여러분이 그렇게 느낀다면 억지로 그 입장들 중 어느 것이
더 옳을까 하고 우선 순위를 정하려는 고민은 접어 두어라. 그리고
그 각각의 입장이 왜 나름대로 옳을 수 있는가를 각각의 입장이 되
어 찬찬히 생각해 보아라. 그 경우 여러분의 글은 부드러운 글이 될

수밖에 없다. 그리고 그러한 부드러운 태도를 결론으로 삼아도 아무 문제가 없다.

종합적 기질 : 미흡한 점을 보완하라 》〉 여러분은 그와는

또 다른 기질을 가지고 있을 수도 있다. 서로 대립되는 의견들을 놓고, 그 의견들이 모두 그럴듯해 보이기는 하지만 무언가 아쉽다고 느낄 수도 있는 것이다. 그리고 여러분은 그 두 견해의 일부분을 받아들이면서 각각의 미흡한 점을 보완하여 새로운 의견을 제시할 수도 있다.

위의 경우를 다시 예로 들어보자. 여러분은 다음과 같이 생각할 수도 있다. 인생에서 무언가 의미 있는 일을 하려면 순간적인 성취감이 중요하다. 하지만 그러한 성취감에 너무 젖어 있다 보면 인생의 참 의미에 대한 성찰이 부족하게 되어 인생 자체가 허무해질 수도 있다.

하지만 인생이 결국 허무하다는 생각에만 젖어 있다면 인간은 실천적 행동을 할 수 없게 되고, 이 역시 인생의 의미가 사라지는 결론을 낳을 수도 있다. 따라서 둘 사이의 적절한 조화가 필요하며, 인생의 참 의미를 그 중 한 부분에서만 찾는 것은 옳지 않다고 새로운 결론을 내세울 수도 있다.

물론 여러분의 기질은 불변적인 것이 아니며 그 기질이 바뀔 수도 있다. 그러나 기질은 하루아침에 쉽게 바뀌지 않는다. 그러니 지금의 기질에 맞춰 연습을 해라. 만일 기질이 바뀐 것을 스스로 알아

챘다면 바뀐 기질에 맞추어 글쓰기 훈련을 하면 된다.

나만의 스타일을 만들어라 》 마지막으로 한 가지만 더 명심하자. 중요한 것은 그런 기질들의 종류에 대해 아는 것이 아니다. 자기 기질에 맞는 좋은 글을 골라서 그 글을 흉내 내는 연습을 하는 것이 가장 중요하다.

나는 고수에게 같은 주제를 내준 후 다시 한번 글을 써오라고 했다. 앞에서 내가 가르친 것이 몸에 배서 무슨 글을 쓰더라도 저절로 스며 나오게 하기 위해서였다.

논술을 공부할 때 주의할 점은 지나치게 많은 것을 배우려고 해서는 안 된다는 것이다. 또한 훌륭한 내용을 외우려고 하는 것도 좋지 않다. 중요한 것은 배운 것을 소화하고 판단하는 능력을 키우는 것이다.

꿀벌들은 여기저기 꽃에서 꿀을 따온다. 그리고 그것으로 자신들의 꿀을 만든다. 그 꿀은 꽃의 것이 아니라 자신의 것이다. 여러분의 공부도 그와 같으며 특히 논술 공부의 경우는 더욱이 그렇다.

여러분은 다른 사람으로부터 지식을 얻을 수도 있고, 생각하는 법을 배울 수도 있다. 그러나 그러한 것을 자신의 것으로 만드는 것은 온전히 자신의 몫이다. 누군가 입에 먹기 좋게 논술 비법을 떠넣어 주려니 하고 기다리느니 논술을 일찌감치 포기하는 게 낫다.

여러분도 이 책을 읽으면서 반드시 고수처럼 실제로 연습을 해보아라. 그리고 남의 것이 아닌 바로 여러분 자신의 꿀을 만들어라.

본격적으로 써보자

기계적인 훈련의 필요성 》 꽤 오랜 기간에 걸쳐 고수는 글쓰기의 기본을 갖추는 훈련을 해왔다. 사실 이제까지의 훈련만 가지고도 아이는 논술 고사에 대비할 능력을 충분히 갖추었다고 보아도 무방하다.

하지만 시험장에서 쓰는 글은 집에서 편안하게 쓰는 글과는 다르다. 시간도 제한되어 있고 분위기도 다르다. 그래서 아무리 글쓰기의 능력을 충분히 갖추고 있다 하더라도 분위기에 질려서 혹은 시간에 쫓겨서 자기 실력을 제대로 발휘하지 못할 수도 있다. 논술 고사에 대비하기 위해 어느 정도 기계적인 훈련이 필요한 것은 그 때문이다.

그동안 꾸준히 논술 공부를 연습해 온 고수는 이제 글쓰기에 상당한 자신감을 내보인다. 또한 눈에 띌 정도는 아니더라도 자신의 스타일을 갖기 시작했다. 하기야 자기만의 글의 스타일을 갖는 것은 하루아침에 이루어지는 게 아니다. 고수는 앞으로도 꾸준한 연습을 통해 분명한 자기만의 글 색깔을 갖게 될 것이다.

실력을 100% 발휘하기 위한 훈련》 나는 이제 고수가 어느 정도 기계적인 훈련을 할 때가 되었다고 판단했다. 어느 날 나는 고수에게 하루 종일 나와 함께 지낼 각오를 하고 찾아오라고 일렀다.

고수는 약간 긴장한 표정으로 나타났다. 이제까지는 길어야 한두 시간 동안 이야기를 나누었을 뿐인데, 하루 종일 함께 있자고 했으니 미리 긴장을 한 모양이었다. 아이에게 내가 말했다.

"너, 이제 글 쓰는 데 자신이 생겼지?"

"네. 그래서 이제는 됐겠지 했거든요. 근데 아직도 배울 게 많은가 보죠?"

"아냐. 무슨 특별한 걸 공부하자는 게 아냐. 일종의 마무리 훈련이라고 생각하면 돼. 글쓰기에 대한 무슨 새로운 학습을 하자는 게 아니니까 안심해. 너, 이제 배울 건 다 배운 셈이니까.

하지만 생각 좀 해봐. 너, 지금까지는 아주 편안한 분위기에서 글 쓰는 연습을 했었지? 그런데 논술 시험은 어디서 보니? 시험장에서 보잖아. 시간도 정해져 있고.

다른 시험이야 연습을 많이 했으니까 시험 볼 때 평소 실력을 그런 대로 발휘할 수 있지. 그렇지만 논술은 달라. 시험장에서 어떻게 해야 할까 미리 연습해 놓지 않으면 눈앞이 깜깜해지면서 횡설수설하는 글을 써내고 나올 수도 있어. 그렇게 되면 얼마나 억울하겠니? 그러니까 자기가 갖춘 실력을 100% 발휘할 수 있는 연습을 미리 해두자는 거야.

미리 얘기하지만 이 훈련은 어느 정도 기계적이란다. 무슨 문제를 만나건 자동적으로 문제를 풀어 가는 순서를 익혀 놓자는 거니까. 너, 전에 요약 훈련한 적 있지? 그거랑 비슷하다고 보면 돼."

여러분도 이제까지 고수와 함께 글쓰기 연습을 꾸준히 해왔다면 특별히 따로 배울 것은 없다.

단지 이렇게 생각하라. 이제부터 연습하게 될 것은 여러분이 지금껏 익힌 실력이 시험장에서 그대로 발휘되도록 하는 훈련일 뿐이라고. 이 훈련은 여러분이 시험장에서 전혀 당황하지 않고 여러분의 상상력, 글 솜씨, 사고력, 교양과 지식을 마음껏 발휘할 수 있도록 하는 데 도움을 줄 수 있는 다소 기계적인 훈련이다. 그러니 긴장을 풀고, 마음 턱 놓고 시키는 대로 기계적인 훈련을 반복하도록 하라. 그리고 그 방법을 몸에 익혀라.

논술 답안 작성시 저지르기 쉬운 잘못들 》 나는 본격적인 훈련에 들어가기 전 고수에게 몇 가지를 미리 일러주었다. 논술

고사를 보면서 학생들이 일반적으로 범하는 잘못에 관한 것이었다.

사실 이제까지의 훈련으로도 충분하리라고 믿지만, 그래도 다시 한번 점검해 보는 게 해로울 리는 없다. 그러니 여러분도 고수와 함께 아래 사항을 미리 점검해 두어라.

학생들은 논술 답안을 작성하면서 대부분 비슷한 실수를 저지른다.

✎ 동문서답형

그 중 대표적인 것이 문제의 취지를 제대로 이해하지 못하고 논술문을 작성하는 경우이다. 우리가 앞서 살펴 본 문제의 경우 내용은 분명히 축구를 화제로 삼고 있다. 하지만 논술문의 주제는 축구가 아니다. 위의 문제는 인생에서 이룬 영광된 일의 덧없음에 대한 글쓴이의 견해를 놓고, 여러분의 인생관을 묻고 있다.

그런 문제를 앞에 두고 축구에 대한 여러분의 상식이나 월드컵에 대한 지식을 한참 늘어놓아 보았자 아무 소용 없다. 글을 아무리 잘 써도 좋은 점수를 받으리라는 기대는 아예 하지 않는 게 낫다. 채점자는 이 무슨 동문서답을 하고 있나 하는 느낌을 받게 될 것이다. 우선 문제의 의도를 파악하고 논제를 정확히 이해하라.

✎ 중구난방형

다음으로 자주 범하는 잘못이 이런저런 이야기를 중구난방식으로 나열하는 경우이다. 문제에 대해 자신의 뚜렷한 의견이 없기 때문에 저지르게 되는 잘못이다.

처음에는 비록 순간적일망정 성공을 거두는 것이 인생의 의미라고 말하다가 뒷부분에 가서는 하루하루의 삶에 충실하는 데 인생의 의미가 있다고 말하는가 하면, 결국 인생은 허무하다라며 되는 대로 결론을 제시하는 경우이다.

그런 답안지를 눈앞에 둔 채점자는 도대체 이 학생이 생각은 있는 사람인가 하고 의심하게 될 것이다. 문제를 접하고 논제를 파악했으면 자신의 견해를 확실히 정하도록 하라. 그런 후에 논거를 어떻게 전개할 것인지 방향을 잡아라.

🖊 되새김질형

마지막으로 대표적인 경우가 필요한 논거를 제시하지 못하고 중언부언하는 경우이다. 일종의 되새김질형이라고 할 수 있는데, 그런 답안지는 채점자가 여러분의 교양을 의심하도록 만든다. 더욱이 앞의 문제의 경우 당신의 독서나 경험을 바탕으로 글을 작성하라고 분명히 요구하고 있다. 만일 여러분이 논거를 대지 못하고 주장만 되풀이한다면 문제의 핵심에서도 벗어난 꼴이 된다.

일단 논제를 파악하고 자신의 견해를 정했으면, 그것을 뒷받침할 논거 자료를 가능한 한 많이 메모해 두어라. 글을 쓰다가 적당한 자료가 생각날 수도 있으니 그 즉시 종이에 메모해 놓아라. 그리고 글 중간중간 적당한 곳에 삽입하라.

논술 고사의 유형》 나는 고수에게 논술 고사의 유형에 대해서도 설명을 해주었다. 어떤 유형의 문제가 시험에 주로 나오는지를 미리 알아두어서 해로울 것은 없다. 아래 내용은 내가 고수에게 일러준 것이다.

앞서도 말했지만 논술 고사의 역사가 가장 긴 프랑스에서는 대학 입시 자체가 온통 과목별 논술로 이루어져 있다고 해도 과언이 아니다. 그리고 그 유형도 주어진 텍스트를 요약하는 문제, 일정한 분량의 긴 글을 지문으로 제시한 후(때로는 시 한 편이 주어지기도 한다) 주어진 글에 대해 주석의 글을 쓰는 문제, 일정한 주제에 대한 주장이 담긴 짧은 글을 제시하고 그 견해에 대해 찬성하는지 혹은 반대하는지의 여부를 물은 후 자신의 입장을 주장하는 글을 쓰는 문제 등 다양한 방식들로 이루어져 있으며, 수험생들은 그 모든 유형의 시험을 다 치러야 한다.

그러나 우리나라의 경우는 대개 그 유형들 중 하나를 택하여 출제를 한다. 그리고 가장 보편적으로 출제되는 유형이 바로 프랑스의 2유형과 3유형이 혼합된 것이다. 즉, 어떤 식으로든 자료를 제시하고 자료에 제시되어 있는 견해에 대하여 수험생의 의견을 묻는 문제이다.

물론 상반되는 두 의견을 지문으로 제시한 후 수험생의 의견을 묻는 문제나, 도표나 그림 혹은 통계 자료를 제시하고 거기에서 문

본격적으로 써보자 **125**

제점을 추출하여 자신의 견해를 논술하라는 문제도 나올 수 있다. 그러나 크게 보면 모두 자료 제시형 논술에 해당된다고 볼 수 있다.

따라서 여러분은 자료 제시형 논술 문제에 실질적으로 대비하는 방법을 익히면 된다. 고수는 아래 요령에 따라 주어진 시간 안에 실제로 논술문을 작성해 보는 훈련을 반복했다.

여러분도 아래 요령에 따라 연습을 해보라. 그렇게 해서 그 과정을 완전히 몸에 익히도록 하라. 연습할 수 있는 문제를 어떻게 구할 것인가 하는 것은 걱정할 필요가 없다.

수능 언어 영역의 지문과 문제를 활용하라 〉〉 연습할 만한 적당한 문제를 구하는 가장 쉬운 방법이 수능 시험의 언어 영역 지문과 문제를 활용하는 방법이다. 이미 치러진 수능 시험 문제라도 상관없고, 수능 시험을 대비한 참고서도 상관없다. 거기에 객관식으로 나와 있는 문제를 주관식으로 바꾸어서 연습해 보면 된다.

예를 들어보자. 수능 시험에는 주어진 글의 성격을 묻거나 주제를 묻는 문제가 언제나 출제된다. 때로는 '위의 글쓴이가 궁극적으로 주장하는 바는 무엇인가?'라는 질문을 던져 주제를 묻기도 한다. 그 경우 문제의 정답을 지은이의 주장으로 생각하고, 그 주장에 대해 여러분의 견해를 밝히는 글을 쓰면 더없이 좋은 논술 공부가 된다.

수능 시험에 나와 있는 지문들은 여러 분야에 걸쳐 당대의 가장 핵심적인 문제들을 다루고 있다고 보아도 된다. 그 지문들은 아주 오랜 고민 끝에 전문가들이 고른 것들이다.

신문에 나온 글에도 좋은 글들이 많지만, 수능 시험과 관련된 글이 논술 훈련하기에는 더 효과적이다. 더욱 정선된 글들이기 때문이며, 더욱더 기본적이고 광범위한 주제를 다루고 있기 때문이다. 바로 그 때문에 한 가지 망외의 소득을 더 얻을 수 있다. '수능 시험의 지문들로 논술 훈련을 하면 논술에 출제될 주제 훈련도 될 수 있다'는 것이다.

스스로 주제를 선정해 보라》 이번에는 논술에 출제될 수 있는 주제를 가정하고, 그 주제에 대한 문제를 만들어 연습해 보는 방법이다.

여러분은 이 책의 마지막 부분에서 논술에 출제되는 주제에 대비하는 방법을 배우게 될 것이다. 거기서 제시된 문제들을 가지고 아래 과정을 반복 연습하라. 여러분도 고수처럼 대학 입시에서 논술의 비중이 더 커졌으면 하고 바라게 될 것이다.

나는 고수에게 오늘날 세계에서 일어나고 있는 변화와 테러리즘의 확산을 경계하면서 인류의 미래에 대하여 비관적인 견해를 보여주는 글을 하나 택해 연습을 시켰다. 여러분이 꼭 그 글을 대상으로 연습할 필요는 없으므로 그 글의 전문을 싣는 것은 생략한다. 아래에 내가 일러준 대로 실제 아이가 연습한 단계를 그대로 옮겨 놓았으니 여러분은 여러분이 선택한 자료를 가지고 단계별로 뒤따라오도록 하라.

🖎 제1 단계 : 주제의 분석

자료의 이해 좋은 논술문을 쓰려면 우선 주어진 글을 꼼꼼하고 정확하게 이해해야 한다. 자료 제시형 문제는 글쓰기 능력뿐만 아니라 읽기 능력도 함께 측정하는 문제라는 것을 명심해라. 많은 학생들이 문제를 받으면 글을 빨리 써야겠다고 조급해 한다. 그래서 주어진 지문은 대충 읽고, 글의 결론과 문제만 다시 읽은 후 바로 글쓰기에 들어간다.

하지만 그랬다가는 논술 고사 자체를 망쳐버리기 십상이다. 채점 기준에는 분명히 학생이 주어진 글을 정확히 이해했는가를 측정하는 항목이 들어 있다. 게다가 주어진 글에 대한 정확한 이해가 없이는 출제된 문제의 주제도 제대로 파악하기 힘들다. 여러분은 이미 요약문 쓰기 훈련을 했다. 논술 문제를 받으면 우선 요약문 쓰기에서 훈련했던 초기 과정을 자동적으로 실행하라. 편안하게 읽는 것부터 시작하여 꼼꼼하게 읽기의 순서로 차분하게 진행하라. 여유가 있어 분석적 읽기까지 할 수 있다면 더 좋다. 주어진 글을 제대로 파악하는 것이 논술 고사의 기본이다. 명심해라.

문제의 분석 대부분의 학생들이 이 단계를 소홀히 하여 답안 전체를 망치는 경우가 많다. 보통 문제가 간단하게 제시되므로 대부분 한 번 읽고는 바로 답안 작성에 들어가는 학생이 대부분이다. 하지만 문제의 의도를 제대로 파악하는 것은 대단히 중요하다.

문제 자체를 잘못 이해해서 엉뚱한 주제로 논술문을 쓰는 학생이 의외로 많다. 논술에서 주어진 문제를 제대로 이해했는가의 여부는 채점에서 아주 큰 비중을 차지한다. 간단해 보이는 문제라도 아래 단계에 따라 꼼꼼히 그 내용을 파악하라.

첫째, 문제의 핵심어를 찾아서 밑줄을 그어라. 문제에서 주의해야 할 단어들과 그 단어들이 품고 있는 의미, 단어와 단어 사이의 관계를 세심하게 살펴야 한다.

예를 들어 아래와 같은 문제가 나왔다고 하자.

> 위의 글에서 필자는 인간의 호전적 본성이 이성보다 강하기에 오늘날 인류에게 머지않아 종말이 찾아올 것임을 경고하고 있다. 여러분은 필자의 주장에 동의하는가, 아니면 필자의 경고가 지나친 비관주의에서 비롯된 것이라고 믿는가? 필자의 주장을 참고로 하여 여러분 자신의 생각을 논술하라.

위의 문제에서 여러분은 호전적 본성, 이성, 인류의 종말, 동의, 지나친 비관주의, 자신의 생각, 논술 등의 단어에 밑줄을 그어라. 아주 쉬운 작업이지만 밑줄을 긋고 문제를 파악하는 것과 그냥 막연히 이해하고 글을 시작하는 것은 하늘과 땅 차이다.

그 다음에 **문제와 자료가 어떤 관계를 맺고 있는가를 파악한다.** 자료 제시형 논술에서 문제와 자료가 어떤 관계를 맺고 있는지를 파악하는 것은 아주 중요하다. 저자의 생각에 대해 해석을 해보라는 문제도 있을 수 있으며, 저자의 의견에 대해 반론을 펼치라는 문제도 있을 수 있다. 저자의 생각이 옳은지, 그른지를 나름대로 판단해 보라는 문제도 있을 수 있고, 당신의 견해를 자유롭게 밝히라는 문제도 있을 수 있다. 때로는 하나의 개념에 대한 다양한 해석의 예를 제시하고, 그 개념의 일반적 의미를 묻는 문제가 출제될 수도 있다.

문제가 자료와 어떤 관계를 맺고 있느냐에 따라 논술문의 성격과 방향이 달라지므로 반드시 그 관계를 파악한 후에 실제 논술문 작성으로 들어가라.

위에 예를 든 문제의 경우는 저자의 주장에 대하여 변증법적인 고찰을 해본 다음 자신의 견해를 피력하도록 되어 있다. 따라서 무엇보다 저자의 논지를 정확히 이해하는 것이 필요하다. 생각해 보면 너무 간단한 일이다. 그래서 대부분 연습을 하지 않는다. 그러나 연습을 한 것과 안 한 것 사이의 차이는 너무 크고, 결과도 엄청나게 다르다. 간단한 만큼 절대로 생략하지 말고, 문제가 나올 때마다 기계적으로 반복하라.

✏️ 제 2 단계 : 착상 떠올리기

주어진 자료도 정확히 이해했고 문제의 의도도 파악했으니 이제는 글의 착상을 떠올릴 차례이다. 하지만 생각의 문이 "열려라 참깨"하고 외친다고 저절로 열리는 게 아니다. 대부분의 학생들이 문제를 대할 경우 아무 생각도 떠오르지 않고 막막하기만 할 것이다. 그러나 걱정 마라. 여러분만 그런 것이 아니다. 글쓰기의 전문가들도 글을 쓰기 전에 매번 그런 막막함을 경험한다. 그러니 막막함은 글을 쓰려면 언제나 찾아오는 단골 손님 정도로 생각하면 된다.

그 단골 손님을 물리치는 효과적인 방법을 익혀 보기로 하자.

다시 한번 자료를 읽는다 이번에는 문제를 생각하면서 자료를 읽는다. 우선 필자의 주장에 반론을 제기하고 싶은 것이 있는지를 찾아라. 더불어 필자의 주장에 덧붙이고 싶은 것이 있는지, 필자의 주장에 어떤 문제점이 있는지 따져보며 읽는 것이 좋다. 단, 그럴 때도 반드시 문제의 주제와 관련된 것에만 주목하라. 주제 밖의 문제까지 신경 쓰기에는 시간이 너무 부족하다.

읽으면서 그때그때 떠오르는 착상을 메모한다 글 쓰는 사람들은 대개 주머니에 간단한 메모지와 펜을 가지고 다닌다. 그들은 자신이 쓰려는 글의 구도가 어느 정도 정해져 있더라도 바로 글쓰기를 시작하지 않는다. 우연히 떠오르는 착상들의 도움을 받기 위해서이다.

물론 여러분에게 그럴 만한 시간적 여유는 없다. 그러나 시간이 아주 없는 건 아니다. 문제를 파악하고 자료를 다시 읽을 때가 바로 순간적 착상이 떠오르는 좋은 시간이다.

여러분이 주제와 관련해서 글을 다시 읽다 보면, 아직 글을 쓰기도 전인데 저절로 착상이 떠오르는 것을 분명 경험할 수 있을 것이다. 자료를 읽으면서 또는 읽고 난 후에 머릿속에서 무슨 생각이든 떠오르면 일단 그것을 빈 종이에 적어 둔다. 좋은 말로 바꾸려하지 말고 무조건 적어 두어야 한다. 나중에 생각나겠지 하는 안일한 생각은 하지 마라. 글을 읽으면서 떠오른 생각이 글을 쓰면서도 고스란히 떠오르는 경우는 거의 없다.

도식을 만들어라　글을 잘 쓰기 위해서는 미리 체계적으로 생각을 정리해 두어야 한다. 문제를 도식으로 만들고, 각 부분에 떠오른 생각들을 끼워 넣어라. 도식이라고 해서 너무 어렵게 생각할 필요는 없다. 위의 문제를 예로 들어 한 가지 도식을 가정해 보면 이렇다.

현재 세계의 정세는 어떠한가?→주제 부분 : 평화의 정착은 가능한가?→평화의 정착 방법은 무엇인가? 정도로 글의 방향을 간단하게 정리해 놓으면 된다.

글을 읽으면서 '그래, 지금 전세계 어디서든지 분쟁은 끊임없이 일어나고 있지'라는 생각이 떠올랐다면 '끊임없는 분쟁'이라고 메모를 해두었을 것이고, 그 내용을 '현재의 세계 정세' 아래에 적어 놓으면 된다. 위와 같은 식으로 적어 놓은 착상을 필요한 부분에 포함시켜 배열하는 것이 도식을 만드는 요령이다.

불필요한 생각은 지워라　생각은 가능한 한 풍부한 것이 좋다. 하지만 그 중에는 불필요한 생각도 들어 있기 마련이다. 위와 같이 도식을 만들어 정리를 하다 보면 불필요한 생각은 저절로 드러난다. 그런 생각은 과감하게 지워 버려라.

특히 다음과 같은 것들은 피해야만 한다.

주어진 글에 있는 생각이나 예를 그대로 반복하는 것 : 자신이 주장을 전개하는 데 꼭 필요한 경우가 아니면 지문에 나와 있는 내용을 그대로 인용하지 말라.

추상적이거나 일반적이고 흔해 빠진 생각의 나열 : 앞서 고수와 함께 여러분이 여러 번에 걸쳐 연습을 한 것이다. 한 가지 예를 들어 보자.

만일 폭력에 대해 논하라는 문제가 출제되었다고 치자. 그 경우 폭력은 결코 바람직하지 않다든지 어떠한 경우라도 폭력은 막아야 된다는 식의 하나마나한 이야기를 그럴듯하게 늘어 놓고서 좋은 점수를 기대하는 것은 미련한 짓이다.

폭력은 왜 생기는 것일까? 폭력에는 어떤 것이 있을까? 꼭 물리적인 폭력만 폭력이라고 할 수 있나? 폭력이 없다면 세상은 어떻게 될까? 과연 폭력을 막을 수 있을까? 만일 막을 수 없다면 그 이유는 무엇일까? 그리고 폭력이 인간 사회에 어쩔 수 없이 존재하는 것이라면 그에 대처하는 올바른 방법은 무엇일까? 등등을 차근차근 생각해 보아야 한다.

논술에서 중요한 채점 기준 중의 하나는 학생의 사고력이 어느 정도 깊이가 있는가 하는 것이다. 앞서도 말했지만 도덕 교과서에 나와 있는 내용을 앵무새처럼 반복하면서 자신의 사고력이 깊다고 주장할 수 있겠는가?

자신의 착상을 비판적으로 점검한다　이제까지 떠오른 착상들을 약간은 비판적인 관점에서 점검하라. 다시 말하면 다른 사람의 눈으로 자신의 생각에 큰 문제점은 없는지 점검해 보는 것이다. 내가 제시하는 근거가 과연 타당한가, 내가 주장하는 것이 너무 일방적인 것은 아닌가 등을 점검하고, 내 생각에 논리적 비약은 없는가를 점검하는 것이다.

여기까지 이제 글쓰기의 준비를 마친 셈이다. 다소 번거롭게 생각되더라도 글의 구체적인 개요를 짜기 전에 반드시 몸에 익혀 놓아야 할 습관이니 글을 쓸 때마다 자동적으로 실행될 수 있도록 프로그래밍을 해놓아라. 건물이 튼튼하려면 기초가 튼튼해야 하듯이 좋은 논술문을 쓰기 위한 기초 작업이므로 여기까지의 과정이 확실하게 마무리되어야 한다.

10분의 투자　고수에게 거기까지 일러주고 실제로 연습을 시킨 후에 물었다.

"내 얘기를 들은 다음에 실제로 해보니까 어때? 어렵니?"
"말씀으로 들을 때는 굉장히 귀찮고 복잡한 것 같았는데 실제로 해보니까 아주 간단하네요."
"그렇지? 그리고 시간도 많이 안 걸리고."

실제로 주어진 문제를 가지고 고수가 기초 단계를 거치는 데 걸린 시간은 10분이었다. 막막함과 초조감이 사라지고 차분해지면서 글 쓸 준비를 갖추는 데 10분을 투자하는 것은 결코 아까운 게 아니다. 차분하게 10분을 투자하지 않으면, 이리저리 우왕좌왕하면서 몇 배의 시간을 낭비하기 십상이니 반드시 몸에 익혀 두어야 한다. 이제 서론, 본론, 결론의 개요를 작성할 준비가 되었다. 나는 고수에게 개요 작성의 요령과 주의할 점을 일러준 후 실제로 작성해 보도록 시켰다.

✎ 제3단계 : 개요의 작성

이제까지 건물의 기초 공사를 했다면 이제부터는 건물의 뼈대를 세워야 할 차례이다. 개요는 바로 논술문의 뼈대에 해당된다. 개요가 무엇인지 한마디로 말한다면 글에 들어갈 내용을 간단한 문장들로 줄여서 배열하는 것이라고 보면 된다. 개요만 잘 짜놓으면 답안 쓰기는 땅 짚고 헤엄치는 것처럼 쉬워진다.

개요를 작성할 때 반드시 주의할 점이 있다. 글은 서론, 본론, 결론으로 이루어져 있고, 글을 쓸 때도 서론, 본론, 결론의 순서대로 쓰는 것이 일반적이다. 하지만 개요를 반드시 서론, 본론, 결론의 순서로 짤 필요는 없다. 실제로 결론부터 써놓고 서론과 본론을 쓰는 사람이 있는가 하면, 아예 본론부터 써놓고 서론과 결론을 나중에 쓰는 사람도 있다.

중요한 내용은 본론에 다 들어가고 서론, 결론은 글에 짜임새를 주고 설득력을 갖추게 하기 위한 것이므로 충분히 그럴 수 있다. 때로는 본론을 쓰는 도중에 서론이나 결론에서 할 이야기가 명확해지기도 한다.

개요는 결론 먼저 작성하라   하지만 여러분은 주어진 시간 내에 답안의 방향과 내용을 정하고 글을 써야 한다. 여러분이 써야 할 글의 방향은 결론에 의해 결정된다고 보아도 된다. 그러니 여러분이 쓰게 될 글의 결론을 미리 생각하고 그것을 간단하게 적어 두어라.

결론이 정해지면 본론에 들어갈 내용이나 주제를 생각나는 대로 적어라. 처음부터 논리 정연하게 본론의 내용을 정리하려다 보면 오히려 막막해진다. 여러분이 생각한 결론을 토대로 본문의 글의 내용, 여러분이 기억하고 있는 지식, 실제로 겪은 경험, 책이나 신문·잡지에서 읽은 내용 중 문제와 관련되어 머리에 떠오르는 생각들은 무조건 적어 두어라. 그것들은 여러분이 쓸 글의 기본 자료가 될 것이다.

머리에 떠오르는 것들을 적어 놓았으면 자료들을 글의 성격에 따라 배열하라. 머리에 떠오른 것들을 배열하다 보면 글의 성격이 더욱 명료해지면서 자신의 생각이 정리된다.

이 점을 명심하자. 글의 개요는 글의 내용을 압축해 놓은 것이기 때문에 명료해야 한다. 그러나 개요를 작성하면서 그런 명료한 도식이 저절로 떠오르는 것은 아니다. 문제의 내용과 그 문제에 대해 자신이 내린 결론을 염두에 두고 관련 생각들을 모으다 보면, 저절로 글의 뼈대가 명료해지는 게 자연스러운 진행 과정이다.

따라서 문제를 읽고 답안의 방향도 정했는데, 분명한 글의 틀이 쉽게 짜이지 않는다고 걱정하지 마라. 결론이 정해진 후 이 생각, 저 생각 떠오르는 대로 써놓고 그것들을 들여다보고 있으면 저절로 글의 전체 꼴이 그려지게 된다.

그렇게 글의 전체 꼴이 잡힌 후 서론의 내용을 생각하라. 서론에서는 문제를 이끌어 내고 글의 주제를 제시하고 앞으로 글이 나아갈 방향을 미리 예고해야 한다. 따라서 서론은 글의 방향과 내용이 어느 정도 명확해져야 쓸 수 있다. 결론과 본론의 내용이 정리된 다음에 서론의 개요를 작성하라는 것은 그 때문이다. 개요가 대충 잡힌 다음에는 한번 더 죽 읽으면서 보충할 것은 보충하고 뺄 것은 뺀다.

개요 작성은 시간 낭비가 아니다 나는 고수에게 개요 작성의 요령들을 설명한 후에 실제로 한 번 작성해 보라고 했다. 아이의 표정을 보니 그냥 글을 쓰면 되지 개요는 무엇 때문에 작성하느냐고 항의라도 하듯 불만족스러운 표정을 짓고 있었다. 이제 글쓰기에 어느 정도 자신감이 붙은 아이로서는 당연히 그렇게 생각할 만도 했다.

"왜 필요 없는 일 같니?"

"글 쓸 시간도 모자랄 텐데 이렇게 개요 짜는 데 시간을 낭비해야 하나요?"

"너, 그렇게 생각할 줄 알았다. 그렇지만 너, 시험장에서도 지금처럼 여유 만만할 것 같아? 시간에 쫓기지, 마음은 초조하지, 저절로 오금이 저려서 아무 생각도 안 떠오르기 쉬워.

그런 대로 마음을 가다듬고 생각을 정리한 후 글을 쓰기 시작했다고 치자. 하지만 글을 쓰다 보면 앞에 들어갔으면 좋을 얘기가 뒤에 떠오르기도 하고, 결론에 들어가야 할 내용이 미리 생각나기도 하는 게 보통이야.

그러다 보면 이리저리 왔다 갔다 하면서 허둥대다가 시간만 낭비하기 쉬워. 내 너한테 단언하지만, 개요를 짠 다음에 글을 쓰는 게 시간도 훨씬 절약된단다.

게다가 생각해 봐라. 미리 개요를 짜놓으면 글을 쓰다가 떠오른 생각들을 어디다 써먹으면 되겠구나 하면서 제 자리 찾아주기가 훨씬 쉬울 거 아니냐? 시간도 절약되고 글에도 힘이 생기는 거지. 어쨌든 조금 막연할 테니까 같이 해보자."

개요는 글쓰기의 지도다 사실상 개요도 없이 무턱대고 글을 쓰는 것은 마치 지도도 없이 모르는 길을 무작정 떠나는 것과 같다. 제 아무리 뛰어난 글 솜씨를 지니고 있는 사람이라고 해도 개요 없이 글을 쓰는 경우는 없다. 평생을 글쓰기에 종사해 온 나 역시 글을 쓸 때면 언제나 개요를 작성한다. 그러니 글쓰기가 전문이 아닌 여러분은 두말할 필요도 없다.

부족한 시간에 언제 개요까지 작성하고 글을 쓰겠는가, 라고 고수처럼 생각하는 학생도 많을 것이다. 다시 반복하지만 실제로는 개요를 작성한 뒤에 그 개요에 따라 답안을 작성하는 것이 훨씬 시간을 절약할 수 있다. 그러니 개요를 짜는 데 들이는 시간을 아까워하지 말아라.

그러나 개요가 너무 완벽할 필요는 없다. 여러분의 최종 목표는 훌륭한 답안지를 작성하는 것이다. 좋은 답안지를 쓰기 위해 개요를 짜는 것이 꼭 필요하기는 하지만, 개요는 어디까지나 보조 수단이지 그 자체가 목표는 아니다.

완벽한 개요를 짜야 한다는 의무감에 시달리다 보면 본말이 전도되는 현상이 벌어질 수 있다. 힘이 미리 탕진되어 정작 글을 쓸 때는 아무 생각 없이 개요를 부풀리기만 할 수도 있다. 하지만 정작 쓸모 있는 생각은 글을 쓰면서 떠오를 수 있다. 아무리 개요를 완벽하게 짜려고 해도 놓치는 것은 항상 있게 마련이다.

개요 작성시 반드시 알아두어야 할 두 가지 개요에서는 다음 두 가지만 확실하게 해둔다고 생각하라.

첫째, 글의 전개 방향을 정리해 두어라. 의도한 방향으로 결론을 유도하기 위해서는 본론의 논리를 어떻게 전개해야 하고 어떤 내용들이 들어가면 좋을까 미리 생각해 놓는 것, 이어서 글을 어떻게 시작하면 좋을까 정해 놓는 것이 개요 짜기에서 우선 해야 할 일이다.

둘째, 글의 논리 전개에 도움이 될 만한 자료와 예들을 모아 놓는 일이다. 글을 쓰면서도 떠오르겠지만, 개요를 짜면서 이런 이야기를 하려면 이런 예를 드는 게 좋겠구나 라고 생각되는 지식이나 경험들을 해당 부분에 메모해 두어라.

개요를 만들어 보자 고수에게 내준 문제를 가지고 나는 함께 개요를 작성해 보았다. 주어진 문제를 다시 적으면 다음과 같다.

> 위의 글에서 필자는 인간의 호전적 본성이 이성보다 강하기에 오늘날의 인류에게 머지않아 종말이 찾아올 것임을 경고하고 있다. 여러분은 필자의 주장에 동의하는가, 아니면 필자의 경고가 지나친 비관주의에서 비롯된 것이라고 믿는가? 필자의 주장을 참고로 하여 여러분 자신의 생각을 논술하라.

물론 위의 문제에 대한 여러분의 결론은 다양할 수 있다. 저자의 주장에 동의하는 글을 쓸 수도 있고, 저자의 주장을 통째로 반박하는 글을 쓸 수도 있다. 그리고 저자의 주장에서 타당한 면과 지나친 면을 동시에 지적하고, 그것을 종합한 의견을 내놓을 수도 있다.

또한 아주 드물겠지만 전쟁과 평화는 모두 인간이 사회를 이루고 살아가는 데 빼놓을 수 없는 요인이며, 그것이 번갈아 나타날 수밖에 없다는 의견을 내놓을 수도 있다. 어느 경우이건 자신이 정말 그렇다고 생각하는 것을 결론으로 삼아야 하는 것은 물론이다.

우리는 가장 평이하게 인간의 이성에 의해 전쟁을 억제하고 평화를 가져와야 한다는 것을 결론으로 삼았다고 가정하고 개요를 작성해 보자. 우선 결론 부분에 이렇게 적어 놓는다.

'전쟁 억제와 평화 정착 : 그 방법의 모색, 미래의 전망과 희망.'

브레인 스토밍 그러한 결론을 바탕으로 본론을 어떻게 구성할
것인가 구상을 한다. 나는 고수에게 생각나는 대로 두서없이 그
냥 적어보라고 했다. 아이는 곰곰이 생각하면서 아래와 같은 생
각들을 적었다.

인간의 이성이란 무엇인가. 정의, 인간애, 사랑, 호전적 본성, 전
쟁의 원인, 전쟁의 실태, 식량 문제, 개인의 광기, 제국주의, 정
복욕, 나폴레옹, 제1, 2차세계대전, 남북 전쟁, 6·25, 현재의 상
황, 제3차세계대전, 해결의 노력, 유엔, 인류의 미래, 소설『전
쟁과 평화』, 냉전의 시대 등등…….

주제와 관련된 여러 생각들이 떠오르면 그때그때 종이에 적어
놓고, 단어들을 바라보며 생각을 가다듬는다. 그리고 글의 방
향을 잡는다.
글의 방향은 글의 성격에 따라 여러 가지가 있을 수 있다. 예를
들어 변증법적인 논리로 전개할 수도 있고, 분석적인 글도 가
능하다. 그 외에 설명적으로 본론을 구성할 수도 있고, 비교의
방식을 취할 수도 있다. 여러분은 앞에서 글쓰기 훈련을 하면
서 익힌 자신의 기질에 맞는 방식을 취하면 된다.
위의 문제의 경우 여러분은 자신이 적어 놓은 생각들을 살펴보
며 이렇게 논리를 전개할 수 있다.

인류의 역사를 살펴보면 전쟁은 늘 있었잖아. 왜 전쟁이 늘 있었을까? 전쟁이 있었어도 아직 인류가 멸망한 것은 아니잖아. 하지만 제3차세계대전이 일어나면 대량 살상 무기 때문에 인류는 멸망하게 될 거야. 그렇다면 이제는 정말로 전쟁을 막아야겠네. 그런데 무슨 방법이 있을까? 저자의 말대로 막을 수 없나? 인간의 호전적 본성이 정말 이성보다 강할까? 아니 사람들이 전쟁을 일으키는 게 정말 꼭 호전적 본성 때문일까? 경제적 이유 때문에 전쟁을 일으키는 경우도 있고 종교적 이유 때문에 전쟁이 일어나기도 하잖아. 오히려 인간의 호전적 본성 때문이 아니라 외적인 조건 때문에 전쟁이 일어나는 건 아닐까? 그렇다면 전쟁을 막을 방법이 꼭 없는 건 아니잖아. 이성적으로 그런 요인들을 제거하면 되잖아.

물론 단숨에 위와 같은 생각들이 질서 정연하게 떠오르지는 않을 것이다. 하지만 여러분이 평소에 독서를 통해 사고력을 키우고 교양을 쌓았다면, 어떤 주제를 접하더라도 무슨 생각이든 떠오르게 마련이다. 그것을 정리해 놓으면 바로 본론의 개요가 된다.

개요 작성의 예   나는 고수를 도와 그의 생각을 아래와 같이 정리했다.

1. 전쟁은 언제 어디서고 그치지 않고 있다.

· 그 원인은 무엇일까? 경제적 원인

· 국토의 확장

· 종교적 원인 – 십자군 전쟁, 9.11테러, 이스라엘과 팔레스
　타인

· 자원 쟁탈

· 분열 위기의 국가 통일 – 명분 있는 전쟁 – 미국 남북전쟁

· 기타 사회·심리적 원인 – 인간의 호전적 본성

2. 오늘날 전쟁의 위험성은 상존하고 있는가?

· 냉전 시대의 의미

· 제3차세계대전 발발의 위험성 – 경제적 원인, 경제적 제국
　주의에 따른 국가 간 빈부 격차, 다국적 기업의 무기 판매,
　기타 등

3. 체념만 하고 있을 수는 없다. 그 방법은?

· 전쟁 발발의 원인 제거 노력

· 지구촌 한 가족 의식의 확대

· 언론 등을 통한 윤리 의식 높이기

· 스포츠 등을 통한 호전적 에너지의 전환

나는 고수에게 물었다.

"어때, 생각보다 간단하지?"

"정말 그렇네요. 개요를 짠다고 해서 거창한 건 줄만 알았는데

자기 생각을 그냥 정리해 두는 거네요."

"바로 그거야. 그렇게 정리를 해놓고 나면 새로운 생각이 떠올라도 당장 어디다 집어넣을지 한눈에 띄잖아. 예를 들어 갑자기 히틀러가 생각나면 전쟁의 원인 항목에 추가하면 되고, 톨스토이의 소설『전쟁과 평화』의 처참한 대목이나 전쟁에 의해서 사람들이 불행해진 내용이 생각나면 전쟁을 막아야 하는 이유 부분에 넣으면 되지.

글을 쓰다가도 좋은 생각이 떠오르면 미리 구상해 놓은 개요에 추가하고, 개요 전체를 다시 한번 훑어보면 되는 거야. 개요를 짜놓지 않으면 그 생각을 어떻게 써먹어야 할지 막막해질걸."

본론의 개요가 짜이고 나면 서론은 간단하다. 우선 문제를 이끌어 내고 글의 주제를 밝힌 다음, 본론에서 다루고 있는 내용들을 예고하면 된다. 위의 경우 전쟁의 위험이 항존하고 있는 현재의 상황을 통해 문제를 이끌어 내면 된다. 그리고 글의 주제는 인간의 호전성 때문에 평화는 정착될 수 없는가 정도가 될 것이다.

주제를 밝힌 후에 전쟁의 원인과 해결책을 모색해 보자는 식으로 글의 전개 방향을 예고하면 서론의 개요 작성은 끝난다.

✎ 4단계 : 원고의 작성

개요 짜기를 마쳤으면 원고 작성에 들어간다. 사실 개요가 제대로 짜졌다면 원고 작성은 쉬운 일이다. 개요에 따라 논리적 고리를 만들어 글을 연결시키면 되기 때문이다.

그러나 아직도 자신이 없다면 시계를 보면서 초고를 작성하도록 해라. 특히 서문과 중요한 전환점 등은 초고를 작성하는 것이 좋다. 그러나 시간이 없다면 초고는 생략해도 된다. 어떤 학생들은 답안을 완성하지 못해 초고를 함께 제출하는 경우도 있다. 물론 채점관은 초고를 보지 않는다.

개요가 완성되었다 하더라도 완성된 개요를 글로 만들 때 주의할 점은 있기 마련이다. 내가 고수에게 일러준 아래 사항들을 명심하며 여러분 나름대로 글을 완성시켜 보아라.

서론은 글의 시작일 뿐만 아니라 글의 내용과 방향을 알려주는 부분이므로 매우 중요하다. 사실 서론만 읽어봐도 글 전체의 수준을 짐작할 수 있을 정도이다. 서론을 쓸 때 주의할 사항은 다음과 같다.

첫 문장은 짧고 인상적으로! 위의 문제의 경우에 '냉전은 끝났다. 그러나 지구상에는 여전히 전쟁의 불길이 타오르고 있다'라는 식으로 글을 시작하면 채점관에게 강렬한 인상을 줄 수 있을 것이다.

한 가지 예를 더 든다면 '가족 구성원의 역할과 책임' 같은 문제가 출제되면 '우리는 모두 한 가족의 구성원이다'처럼 짧은 문장으로 시작할 수 있다

적절한 사례를 들어라 앞에서도 지적했듯이 속담이나 격언으로 글을 시작하면 죽은 글이 되어버린다. 위의 문제의 경우라면 걸프전, 팔레스타인 분쟁, 9.11 사태 등의 구체적인 예를 들 수 있을 것이다.

주제를 명확히 밝혀라 위의 문제의 경우 '인간의 호전성 때문에 전쟁을 피할 수 없으며 그 결과 인류는 멸망할 것인가?'가 바로 글의 주제가 될 것이다. 그러나 주어진 문제가 서론의 도입부에 그대로 사용될 수 있다 하더라도 여러분이 문제의 주제를 확실히 이해했음을 보여주기 위해서는 지문과 똑같은 문장을 옮겨 놓지 말고, 다른 표현으로 말을 바꾸어라. 위의 주제의 경우 '인간의 호전성 때문에 평화의 정착은 과연 불가능한 것인가' 정도로 바꿀 수 있다.

본론을 효과적으로 쓰는 요령은 이미 글쓰기의 기본 훈련을 하는 동안 모두 익힌 셈이다. 고수도 개요 짜는 요령만 가르쳐주자 썩 훌륭하게 본문의 글을 만들어 냈다.
아래의 주의 사항은 글을 쓸 때뿐만 아니라 글을 다 쓴 후 마지막 검토 단계에서도 반드시 체크해야 할 것들이다. 만약 그런 잘못이 눈에 띄면 바로 수정해야 한다.

논리 전개가 명료해야 한다 채점관은 눈에 띄는 도입부도 없고, 명증한 전개 부분도 없고, 분명한 결론도 없는 글을 다시 한번 정신차리고 읽어 줄 만큼 너그럽지 못하다. 다시 한번 읽었을 때 자신의 생각이 분명하게 전달될 수 있게 논리가 짜여졌는지 점검하라.

남의 생각을 짜깁기 식으로 옮기지 말아라 글쓰기의 요령에서 충분히 지적한 사항이다. 채점관이 '이 친구의 생각은 도대체 뭐야?'라고 생각하는 순간 여러분의 논술 점수는 내려간다.

사고의 폭을 보여주어라 단 하나의 주장만을 독단적으로 내세워서는 좋은 인상을 주기 힘들다. 글쓰기의 요령에서 공부했듯이 자신의 주장을 강하게 주장하고 싶은 경우에도 여러 가지 다양한 생각들이 가능할 수 있음을 보여준 후에 자신의 의견이 정당함을 입증해야 한다.

잡동사니 식으로 여러 주장을 나열하지 마라 여러 의견을 검토하는 것은 좋지만, 각기 다른 의견들 간의 논리적 연결 고리를 확실하게 만들어야 한다. 논리적 고리 없이 관련될 만한 생각이나 사례를 이것저것 늘어놓기만 한다면 채점관이 어지러워져서 글을 자상하게 읽어 주지 못한다.

가장 확실한 카드는 제일 나중에 본론을 구상하다 보면 자신이 생각해도 마음에 드는 내용이 떠오르게 마련이다. 그 내용은 본론의 제일 마지막에 놓아라. 그러면 갑자기 글에 활력이 생기게 된다.

위의 문제의 경우 인간 내면의 호전성을 건전한 스포츠의 활성화를 통해 해소할 수 있다는 생각은 고수 스스로도 대견스럽게 여긴 내용이다. 그 내용은 전쟁을 억제하는 해결책의 끝 부분에 넣는 것이 바람직하다.

결론은 글 전체를 마무리하는 부분이다. 따라서 본론에서 증명한 주장을 정리하고, 전체 글의 요지를 요약·제시해야 한다. 독자들에게 전체 글의 논지를 확실하게 주지시키기 위해서는 결론을 쓸 때 다음과 같은 사항에 유의해야 한다.

종합적 정신　본론에서 제기된 문제들을 종합하여 결론을 이끌어 내라. 본론의 일부분을 반복하거나 본론에서 하지도 않은 이야기로 결론을 삼으면 곤란하다.

주체적인 답을 내려고 애를 써라　주어진 주제에 주체적으로 대답을 해야 한다. 상투적이거나 공허한 결론을 내지 마라. 결론이 공허한지 아닌지는 스스로에게 물어보아라.

미래 지향적인 태도로 끝을 맺어라　서투른 답을 제시하기보다는 앞으로의 전망과 고민거리를 새로이 만들어 낼 수 있으면 채점관은 무척 흐뭇해 할 것이다.

결말은 인상적으로 화장실에서도 뒷처리가 깔끔해야 개운하듯이 결말이 인상적이면 앞에서 약간 미흡한 부분이 있었더라도 채점관은 아주 훌륭한 답안지를 읽었다는 기분에 좋은 점수를 주기 쉽다.

앞부분처럼 짤막한 마무리가 좋으며 여유가 있다면 적당한 인용 문구나 경구(警句)를 사용해도 좋다.

✏️ 5단계 : 퇴고 및 수정

완성된 글을 다시 한번 살펴보고 수정해야 할 필요성은 굳이 이야기할 필요도 없을 것이다. 글을 마친 후 퇴고의 순서는 다음과 같다.

1. 글 전체 수준에서 글의 길이는 적당한지, 논리의 비약은 없는지, 글은 매끄럽게 연결되었는지 검토하라.
2. 단락 수준에서의 검토 : 단락과 단락 사이의 연결은 자연스러운지, 단락의 통일성을 해치는 문장은 없는지 검토하라.
3. 전체 검토가 끝나면 어법에 맞지 않는 문장은 없는지, 뜻이 모호한 문장은 없는지, 지나치게 길거나 복잡한 문장은 없는지 검토하라.
4. 틀린 단어나 잘못된 표기법이 없는가는 맨 나중에 검토하라.

군계일학을 향하여 》》 거의 하루 종일 씨름을 하고 나니 고

수도 지친 모습이었다. 하지만 논술 공부를 끝까지 따라와 드디어 마치게 되었다는 흐뭇함을 억지로 감추려고 하지 않았다. 나는 고수가 대견했다.

지친 아이를 이제 그만 보내줄까 하다가 쇠뿔도 단김에 빼랬다고 한 가지를 마저 일러주고 싶었다. 나는 고수에게 말했다.

"정말 수고했다. 이제 내가 가르칠 건 별로 없어. 하기야 내가 가르친 것도 별로 없지. 대부분 네가 스스로 익힌 거니까. 이제 자연스레 네 몸에 밴 대로 연습하다 보면 논술은 겁낼 필요가 하나도 없어. 조금 지나면 네가 나보다 글을 잘 쓰게 될지도 모르지.

근데 오늘 공부한 식으로 글을 쓰면 좋은 점수는 받을 수 있겠지만, 아주 뛰어난 최고 점수는 받기 어려울 거야. 고만고만한 좋은 글을 쓰는 학생들은 얼마든지 많을 테니까. 어디 고만고만한 글에서 벗어나는 법을 배우고 싶지 않니?"

의욕적인 성격을 지닌 아이는 지친 가운데서도 정신이 번쩍 드는 모양인지 눈을 반짝이며 대답했다.

"그런 게 있으면 당연히 가르쳐주셔야죠."

"대단한 건 아냐. 어찌 보면 아주 간단하고. 너, 내가 전에 자기 자신에 대해서 좀 삐딱해지라고 그랬지? 이번엔 문제 자체에 대해서 좀 삐딱해지는 거야."

아이는 어리둥절한 모양이었다. 좋은 답안을 쓰려면 주어진 자료와 문제의 내용을 충실히 이해해야 한다고 해놓고서 느닷없이 문제 자체에 대해서 삐딱해지라고 이야기를 하니 그럴 만도 했다.

문제를 심화시켜라 >> 나는 아이에게 설명을 해주었다.

"문제 자체에 대해서 삐딱해지라는 건 주제 자체에서 벗어나라는 게 아냐. 주어진 문제 자체를 더 깊이 있는 문제로 이끌 수는 없는가 생각해 보라는 거지.

아까 네가 쓴 글을 보자. 문제가 어떤 거니? 전쟁을 막을 수 있는가 없는가를 인간의 이성이 인간의 호전적 본능을 막을 수 있는가 없는가, 만일 막을 수 있다면 그런 이성적 방법에는 무엇이 있는가와 관련된 네 생각을 밝히라는 거였지? 그리고 너는 그 질문에 맞추어 글을 쓴 거고. 대부분 그렇게 답안지를 작성할 거야.

그런데 그런 문제를 놓고 너는 다른 생각을 할 수도 있어. 전쟁을 억제하는 것이 과연 이성적인 방법으로 가능한 것인가? 인간의 본성은 과연 호전적이기만 한가? 전쟁의 주원인은 차라리 다른 데 있는 것이 아닌가? 진단이 다르다면 처방도 다른 것이 아닌가? 라고 생각할 수도 있다는 거지.

또 이렇게 생각할 수도 있어. 누구나 전쟁은 없어져야 한다고 생각하잖아. 그래서 답의 방향도 대개 일정할 거야. 그러나 세상이 정의롭지 못하게 흘러간다면 정의로운 사회를 만들기 위해 불의와의 싸움도 필요하다는 생각을 할 수도 있잖아.

그렇다면 문제 자체에 대해 이의를 제기할 수도 있지. 정의를 앞세운다는 것은 상당히 이성적인 판단이고 행동이거든. 그러니까 세상에는 명분 있는 싸움이라는 것도 있을 수 있는 거야. 그렇게 생각한다면 전쟁이 반드시 인간의 호전적인 본능 때문에 생기는 것만은 아니지.

독재 정권에 항거해서 일어나는 싸움도 있을 수 있고, 미국의 남북전쟁은 링컨이 명분을 앞세워 일으킨 전쟁이기도 해. 곧 주어진 문제를 놓고 문제 자체를 전환시키거나 문제를 더 깊이 있게 만들어 보는 거지."

"어휴, 그게 어디 쉽나요?"

"맞아. 쉽지 않아. 잘못 하다간 주제에서 벗어났다는 느낌을 줄 수도 있고. 하지만 그렇게 어렵기만 한 것도 아냐. 주제를 더 깊이 있게 만드는 건 구체적이고 일반적인 주제를 인간의 기본 문제로 바꾸어 생각하는 걸 뜻하거든.

그러니까 사람이 세상을 살아가면서 던지게 되는 기본적인 문제들에 대해 너 자신의 견해만 가지고 있으면, 어떤 문제를 만나도 그걸 심화시킬 수 있단다. 그렇게 문제를 심화시킬 경우 답안의 구성은 완전히 달라지고 남들과 구별되는 답안을 쓸 수 있게 되는 거지. 물론 주어진 문제와 동떨어진 답안이 되면 어쩌나 하는 걱정이 들 수도 있지. 그러나 그건 걱정은 안 해도 돼.

위의 문제의 경우에도 주어진 기본 틀 안에서 가능한 해결책, 그러니까 평화 정착을 위한 여러 노력의 필요성을 모색하는 논리를 우선 전개하는 거야. 그리고 끝 부분에 그러한 노력이 과연 만능열

쇠 같은 해결책이 될 수 있을까, 또 다른 관점에서 문제에 접근하는 방법은 없는가를 약간의 논리와 더불어 제기하는 거지.

만일 그런 글을 쓸 수 있게 된다면 네 답안지는 채점관에게 아주 사려 깊은 답안지로 여겨지게 될 거다. 내가 나중에 사람살이에 기본이 되는 주제들을 정리해 줄 테니까 그런 커다란 주제를 가지고 공부를 해보도록 하자.

우선은 오늘 연습한 대로 스스로 문제들을 찾아서 여러 번 연습해 보도록 하렴. 다시 말한다. 거의 기계적으로 몸에 익혀야 돼."

나는 고수에게 그 정도만 일러주고 돌려보냈다.

논술의 기본적인 주제들

마지막 정리》 고수는 어떤 의미로는 이제 더 이상 배울 게 없는 셈이었다. 이제 아이는 독서를 계속하고 신문과 문학 작품을 틈틈이 읽으면서 몸에 밴 대로 연습하기만 하면 되었다. 그리고 이제는 그 모든 것이 어렵지 않고 익숙한 일이 되었다.

고수가 충분히 글쓰기에 익숙해졌다고 판단이 되자 나는 아이를 불러 마지막으로 사람살이에 기본이 될 만한 주제들을 정리해 주었다.

여러분 주변에는 논술을 공부한다며 시험에 출제될 수 있는 주제 맞추기 공부나 과외를 하는 사람들이 많을 것이다. 이른바 족집게 과외라는 것이다. 하지만 그것은 장님 코끼리 만지는 식의 공부가 되기 쉽다. 그리고 설사 자신이 공부해 온 주제가 우연히 출제되는 행운을 잡게 되더라도 고만고만한 모범 답안을 만드는 데서 그칠 수 있다.

여러분의 답안이 고만고만한 수준에서 벗어나려면 세상살이의 큰 틀에 대한 자신의 견해를 갖추고, 그 틀에 비추어 주제를 다루어야 한다. 평소에도 아래에 주어진 다양한 주제들에 대해 고민해 보는 한편 책이나 신문 기사를 읽으면서도 아래의 주제들과 연관시켜 생각하는 훈련을 하라.

그 훈련을 충실히 한다면 여러분은 논술 공부를 통해 논술 고사에 대비할 뿐만 아니라, 세상을 살아가는 기본 이치를 깨닫게 되고 사고력도 깊어질 것이다. 어찌 보면 여러분이 논술 공부를 하는 기본 목표는 바로 거기에 있다.

마지막 숙제》 나는 고수에게 말했다.

"정말 수고 많았다. 너는 이제 네 스스로 논술을 공부할 수 있게 된 거야. 마지막으로 보너스를 하나 줄게. 네가 한 번쯤 생각을 가다듬고 정리해 보아야 할 문제들을 일러주마. 그 준비만 확실하게 해 둔다면 어떤 문제가 나오더라도 쉽게 대처할 수 있단다."

나는 고수에게 평소 생각해 보아야 할 기본 주제들을 일러주었다. 또한 나는 고수에게 마지막 숙제를 내주었다. 신문에서 읽었던 내용들을 아래 항목의 어느 부분에 포함시킬 수 있는지 생각해 보라는 숙제였다. 그리고 수능 시험의 언어 영역에 나와 있는 주제들도 아래의 항목에 따라 분류해 보라고 했다.

그것은 논술 고사에서 지문을 대했을 때 글의 주제를 쉽게 파악하는 훈련이며, 주어진 문제를 가장 기본적인 주제로 바꾸는 훈련이다. 여러분도 고수처럼 훈련을 하라. 논술 시험에 어떤 주제가 출제되든 전전긍긍하는 일은 없게 될 것이다.

논술의 기본이 되는 주제들》 논술의 기본이 되는 주제들은 크게 네 범주로 나눌 수 있다.

첫째, 인간에 대한 기본 성찰이 담긴 주제,
둘째, 인간이 사회적 동물이라는 관점에서 제기되는 주제,
셋째, 인간이 인간을 둘러싸고 있는 환경과의 관련성을 문제삼는 주제,
넷째, 현대 사회의 변화와 관련되는 주제,

그리고 때로는 위의 범주들이 결합되어 나타나기도 한다.

내가 고수에게 알려준 기본 주제는 다음과 같다.

✎ **인간에 대한 기본 성찰이 담긴 주제**
인간은 과연 이성적인 존재인가   가장 기본적이면서 광범위한 주제이다. 인간과 동물을 구별짓는 요소는 무엇인지, 평소에 생각을 가다듬어 놓아라. 인간의 육체와 정신의 관계에 대하여 묻는 식으로 문제가 변형될 수도 있고, 감수성과 상상력의 산물이라고 할 수 있는 예술 작품이 갖는 의미를 물을 수도 있다.

예를 들어 요즈음 인간의 몸에 대한 관심이 증대되고 있는 현상을 지문으로 하여 여러분의 견해를 물을 수도 있으니, 그 경우에도 인간과 이성의 관계에 대하여 평소 공부해 놓은 것이 있으면 문제의 핵심에 쉽게 접근할 수 있다.

또한 예술 작품의 의미를 "사람들이 굶어 죽고 있는 판에 베토벤은 무슨 얼어죽을 베토벤이야"라는 말에 대한 당신의 견해를 묻는 식으로 변형될 수도 있다. 그 경우에도 이성이 행할 수 있는 현실적이고 실천적인 기능과 예술과 꿈이 갖는 기능의 차이 및 의미에 대해 미리 생각해 둔 것이 있다면 문제는 아주 쉬워진다. 그리고 이성의 산물이라고 말하기 어려운 종교의 의미를 묻는 문제도 나올 수 있다. 또한 인간의 이성이 완벽하게 발휘된다면 인간은 지구상에 유토피아를 건설할 수 있는가? 그렇다면 유토피아는 어떤 사회를 말할까? 하는 식으로 문제를 바꾸어 글을 써보기도 하라.

다원주의의 의미 　세상은 점차 다양해지고 다원화되어 간다고들 한다. 문화 다원주의에 대한 기본 상식을 갖추어 놓아라. 그러나 더욱 기본적인 것은 인간 자체가 이미 다원적 존재라는 것을 주장하는 글을 한두 편 정도 읽어 놓는 것이 필요하다. 올바른 의미의 세계화의 방향을 묻는 문제가 출제되어도 다원주의의 의미에 대한 기본 지식을 갖추고 있다면 문제는 쉽게 해결될 수 있다.

진리와 도덕과 아름다움 중에 무엇이 우선하는가? 인간의 영원한 주제이다. 참된 것을 추구하는 진리 탐구의 영역과 선한 것을 추구하는 도덕과 윤리의 영역, 아름다움과 사랑을 추구하는 미적인 영역은 각기 큰 자리를 차지하며 인간 사회에 영속해 왔다. 그 각기 다른 영역 중에 인간다운 삶을 위해서는 어느 것이 우선해야 한다고 믿는지 자신의 생각을 정리해 두어라. 혹은 그 각기 다른 영역이 인간 사회에서 어떤 양식으로 변화하며 표출되어 왔는지, 그것들은 어떻게 나름대로 존재 이유를 갖는지 고찰해 두어도 좋다.

다이어트와 성형이 오늘날 왜 그리 성행하는지에 대해 아름다움을 향한 인간의 기본 욕구와 결부시켜 그 의미와 부작용을 미리 생각해 둔다면, 시사적인 문제를 인간의 기본 문제로 심화시켜 독창적인 답안을 만들 수 있다.

자유와 평등과 책임 역시 인간의 기본 문제이다. 때로는 인간의 사회 생활과 결부되어 문제가 변형되기도 한다.

인간의 자유는 신성 불가침한 것인가? 공동 사회를 이루어 살아가기 위해서는 인간의 자유에 제약이 뒤따라야만 하는가? 자유와 평등과 책임은 서로 대립되는 개념인가? 등등이 기본적으로 생각해 두어야 할 질문들이다. 시사 문제와 결부되어 신자유주의나 시장 자유주의의 문제점을 묻는 문제가 출제되었을 때도 자유와 평등과 책임의 관계에 대하여 여러분의 견해가 세워져 있다면 주제에 쉽게 접근할 수 있다. 고교 및 대학 평준화 문제 또한 자질의 평등화를 통한 자유의 제한이 중요한지, 기회의 평등화를 통한 자질 발휘의 기회와 자유가 더 우선적인지의 문제로 바꾸어 생각할 수 있다.

인간의 진정한 행복이란 무엇인가 인간은 누구나 행복을 추구한다. 그러나 과연 어떤 삶이 행복한 삶인가는 그 누구도 자신 있게 정답을 제시하지 못한다. 자신만의 행복관을 세워놓아라. 그리고 개인의 행복을 추구하는 것이 타인의 불행을 외면하는 결과를 빚거나 심한 경우 남에게 해가 되는 경우는 얼마든지 있을 수 있다. 그 경우 어떤 판단을 해야 하는지 적절한 예와 함께 기준을 만들어 두어라.

"자신의 행복을 추구하는 삶은 필경 남의 행복을 파괴할 수 있다고 보는가?" "과학의 발전은 인간에게 행복을 가져다 줄 수 있는가?" 등의 질문으로 바꾸어 위의 주제에 대해 성찰할 수도 있다.

어른들이 동심을 좇는 요즈음의 '키덜트 현상'에 대한 문제가 제시되었을 때도 인간에게 진정한 행복이란 무엇인가 하는 방향으로 사고를 전개하면 쉽게 주제에 접근할 수 있다.

세상 물정 모르는 아이의 삶이 행복할까 아니면 철이 들면서 우리는 행복이 무엇인가도 알아가고 그럼으로써 더 행복해질 수 있는 걸까와 관련된 주제 역시 깊이 생각해 볼 만한 문제이다. 그리고 다이어트 및 건강에 대한 관심이 날로 증가하고 있는 요즈음의 세태 또한 사람들이 점점 남들과 어울리는 삶에서 의미를 찾기보다는 개인적 행복에 더 무게를 두어간다는 식으로 세태의 변화에 초점을 맞추어 접근하면 문제의 실마리가 풀린다. 싱글족이 늘어가고 있는 현상도 마찬가지이다.

진정으로 용기 있는 행동이란 무엇인가 용기는 과연 인간이 닦아야 할 덕목이라 할 수 있는가? 비겁한 행동과 용기 있는 행동을 구분하는 기준은 무엇인가? 사회 정의를 실현하기 위해서는 용기가 더 필요한가, 신중함이 더 필요한가? 등으로 주제가 설정될 수 있다.

용기를 인간이 갖춰야 할 절대적인 덕목으로 무조건 칭송하기보다는 자비로움, 사랑, 부드러움 등과 대비되는 상대적인 덕목이라는 것을 익혀둘 필요가 있다. 그리고 용기 있는 행동이 요구되는 몇 가지 사례를 마련해 두어라.

또한 일반적으로 용기가 없다고 생각되는 행동이 실은 대단한 용기를 필요로 하는 행동일 수도 있음을 적절한 예와 함께 생각해 두어라. 예를 들어 모든 사람이 용기 있는 행동만을 주장할 때 홀로 너그러움을 강조하는 것도 용기 있는 행동이다. 동성애에 대한 편견이 아직 심한 우리 사회에서 자신이 동성애자임을 밝히는 커밍 아웃에 대한 의견을 묻는 경우도 용기의 차원에서 접근할 수 있다. 그 경우 '용기 있는 행동이라서 옳다'라는 식으로 단순히 자신의 의견을 제시하는 데서 그치지 말고 진정으로 용기 있는 행동은 무엇인지, 그 경우 왜 그런 용기 있는 행동이 필요했는지에 대한 구체적인 논리를 전개하는 것이 중요하다.

독창적인 인간이란 어떤 인간인가 창의성이 나날이 강조되는 오늘
날 많은 사람들이 질문거리로 삼는 주제이다. 창의력은 천부적
으로 타고나는 재능인지, 아니면 노력하여 획득할 수 있는지에
대해 경험이나 독서를 통하여 얻은 예를 가지고 독창성에 대한
자신만의 확실한 견해를 만들어 놓아라.

오늘날 왜 독창적인 인간이 점점 더 중요시되는지 시대의 변화
양상과 결합시켜 생각을 가다듬어 놓고, 창의적인 상상력이란
무엇이라고 생각하는가 라는 식으로 문제가 나올 수도 있으니
그것에도 대비해 두어라.

개인의 창의력과 집단의 인화 중 어느 것이 더 중요한가의 문
제를 놓고 고민해 볼 수도 있다. 예를 들어 한 집단 내에서 자
신만의 뚜렷한 견해를 가진 인간과 지시를 성실히 수행하고 타
의 모범이 되는 인간 중 어느 쪽이 집단의 이익에 도움이 되겠
는가 라는 주제의 경우도 창의력의 역할과 의미를 묻는 방향으
로 주제에 접근하면 문제가 쉽게 풀린다.

또한 이런 문제가 제시될 수도 있다.

"유행을 따르는 인간은 자기 자신이 독창적이라고 느끼면서 동
시에 자신과 같은 옷을 입고 같은 음악을 듣고 같은 영화를 보
는 사람들과 함께 하고 있다는 소속감을 동시에 느낀다. 여러
분은 왜 유행을 따르는가? 위의 견해에 대하여 당신의 구체적
인 경험을 토대로 당신의 의견을 밝혀라."

위와 같은 문제가 제시되더라도 유행이 무엇인가 하는 쪽으로 문제에 접근하기보다는 인간의 창의력에 대하여 여러분이 평소에 가다듬어 놓은 생각을 바탕으로 문제를 다루는 것이 창의적인 답안을 만드는 데 도움이 될 것이다.

청소년기의 의미 청소년기를 보내고 있는 여러분이 언제고 생각해 보아야 할 문제이다. 게다가 세대 간의 대립 문제는 인류의 영원한 주제이다.

보람 있는 청소년기를 보내는 방법은 무엇인가? 라는 일반적인 질문으로부터 출발해서 청소년기에 대한 자신의 견해를 확립해 놓아라. 그런 후에 젊음과 자유의 문제, 자유와 책임의 관계에 대한 문제에 대해 나름대로 의견을 마련해 두어라.

젊음은 필경 기성 세대에 대하여 반항하고 대립할 수밖에 없는가? 라는 식으로 문제가 출제될 수도 있다고 가정하고, 인간 사회의 윤리와 도덕은 과연 어떻게 형성되어 어떻게 변화해 가는지, 절대적인 덕목이라는 것이 존재하는지에 대한 자신의 생각을 가다듬어 놓아라.

오늘날 기성 세대가 왜 젊은 세대로부터 존경을 받지 못하는지, 우리는 왜 우리 사회를 도덕성이 마비된 사회라고 주저 없이 말하는지에 대해서도 자신의 견해를 가지고 있어야 한다.

남성과 여성의 성 차별에 관한 문제 사람은 생물학적으로 남성과 여성으로 나뉘어 있다. 그러나 그런 성별의 차이가 과연 능력의 차이를 낳는 건지, 그렇지 않다면 남성과 여성은 각기 어떤 다른 기능을 가지고 있는지 생각해 놓아라.

페미니즘 운동의 역사와 의미에 대해서도 약간의 지식을 갖추고 있는 것이 필요하며, 트랜스 젠더에 대한 지식과 견해 또한 마련해 두어라. 동성애에 대한 이해도 필요하다.

남성미와 여성미에 대한 기준이 바뀌는 현상도 단순히 기호(嗜好)의 변화로 간주하거나 남성은 남성다워야 하고 여성은 여성다워야 한다고 주장하기보다는, 남성다움이란 무엇이고 여성다움이란 무엇인가에 대한 기본적인 성찰을 전제로 논리를 전개할 수 있어야 한다.

노인 문제 : 늙음의 의미   사람이 나이를 먹어 간다는 것은 무엇인가? 삶의 끝을 향해서 물리적으로 나가는 것에 불과한가? 나이를 먹는다는 것은 과연 인간적으로 성숙해지는 것을 뜻하는가? 그렇다면 어른이 한 사회에서 맡을 수 있는 역할이란 과연 무엇인가? 등등의 질문을 스스로에게 던져보아라.

우리 사회가 고령화 사회로 접어듦에 따라 노인 문제는 심각한 사회 문제가 되고 있다. 그에 대한 대책을 묻는 문제가 제시되었다고 가정하고, 나름대로의 견해를 만들어 놓아라. 그 견해가 단순히 우리 사회의 현실적 차원에서의 문제가 아니라 인간 자체에 대해 우리가 갖고 있는 인식의 위기와 맞물려 있음을 지적하는 견해라면 상당히 높은 수준의 견해가 될 수 있다.

늙음에 대한 올바른 인식이 세워져 있다면, 오늘날 점차 존경

심이 사라지고 있는 현상에 대해서도 적절한 접근 방법을 찾을
수 있다.

교육이란 무엇인가 가르치고 배운다는 것은 무엇인가? 교육은 과
연 지식을 전수하는 것인가? 학교 교육은 과연 실용성에만 맞
추어야 하는가? 대학이 상아탑이라는 것은 과연 무슨 의미인
가? 그런 생각은 과연 시대착오적인 발상인가?
오늘날 우리 교육의 위기는 어디에서 비롯되었다고 보는가? 교
육이 바뀌어야 한다면 그 방향은 어디로 향해야 하는가? 소비
자 중심주의 교육의 의미는 무엇인가? 등등 교육에 대해 여러
분이 스스로 제기할 수 있는 문제는 수없이 많다. 문제가 어떤
식으로 제기되건 가르치고 배운다는 것이 무엇을 의미하는지
자신의 생각을 확실히 해두어라.
그리고 여러분이 받은 교육이 여러분의 능동적인 참여와 창의성
의 함양, 인격 도야에 도움이 되었는지 생각해 보고 만일 그렇지
않다면 무엇이 문제였는지 나름대로 답안을 마련해 놓아라.

✎ 인간이 사회적 동물이기에 제기될 수 있는 문제
인간 사회는 과연 만인의 만인에 대한 투쟁의 장인가 인류의 역사가
시작된 이래 전쟁은 계속되어 왔다. 그래서 우리는 인간 사회
를 만인의 만인에 대한 투쟁의 장이라고 말하기도 한다.
과연 그러한가? 그렇다면 인간 사회에 필요한 덕목들이 갖는

기능은 무엇인가? 예를 들어 자비, 사랑, 관용, 신의, 순수함, 정직, 연민 등의 미덕은 부수적이거나 불필요한 것인가? 인간 사회는 결국 싸우다가 멸망할 것인가? 평화 공존의 길은 없는가? 등등을 인간 존재의 기본 의미와 인간 사회의 의미에 비추어 성찰해 보아라.

역사는 과연 발전하는가 : 인류의 미래, 진보와 보수의 관계 인류가 지구 상에 출현한 이래 과연 인간 사회는 진보·발전을 거듭해 왔는가? 만일 그렇다면 그 원동력은 무엇인가? 만일 그렇지 못했다면 그 원인은 무엇인가?

인간 사회가 진보해 왔다면 그에 따라 인간의 도덕이나 품성, 인격도 진보해 왔는가? 만일 그렇다면 나는 아버지 세대보다 어느 면에서 나은가? 나는 옛 선인들보다 나은 품성을 가졌는가? 그렇게 생각되지 않는다면 인간 사회의 변화를 어떤 식으로 고찰해야 할까? 현대 문명 사회는 과연 원시 사회보다 진보한 사회라고 단언할 수 있는가? 현대에 살고 있는 우리는 그들보다 현명하고 지혜로운가?

의심의 여지없이 인간의 삶이 발전해 왔다고 믿고 있는 여러분에게 던질 수 있는 질문은 너무도 많다. 정치적 차원에서의 진보와 보수의 대립도 복합적인 관계가 숨어 있다. 진보하는 것이 당연하다는 단차원적인 생각에서 벗어나 여러분 나름대로의 설득력 있는 견해를 세워놓아라.

민주주의 사회의 의미 : 정의로운 사회와 관용적인 사회 학교 사회 시간에 여러분은 민주주의 국가에 대하여 충분히 공부했을 것이다. 학교에서 공부한 내용을 바탕으로 자신의 주변을 바라본 후 우리 사회가 과연 자유 민주주의 사회라고 자신 있게 말할 수 있는 사회인지 생각해 보고 자신의 의견을 세워두어라.

민주주의 사회의 필수 제도인 선거의 의미도 함께 공부해 놓자.

사회 정의에 대하여 한 사회를 주도하고 있는 사람들의 행동을 놓고 사회 정의 차원에서 질문하는 문제는 언제든지 출제될 수 있다. 공무원의 부정 근절 방법, 한 사회의 언론의 기능, 인권 문제, 사회 계층 간 불평등 문제들은 언제나 사회 정의의 차원에서 접근이 가능한 주제들이다.

그러나 그 경우도 사회 정의만 실현되면 정말로 바람직한 이상 사회가 될 수 있다는 단순한 사고에서 벗어날 줄 알아야 깊이 있는 답을 제시할 수 있다.

정의로운 사회의 실현이 필요하더라도 어떤 잣대로 불의를 판별할 것인지, 나와 다른 견해를 가진 사람은 불의의 편이고 내 견해만 정의롭다고 생각하는 것은 또 다른 편견이나 불의는 아닐까 하는 성찰까지 포함되어야 올바른 글이 된다.

사형제도를 폐지해야 하는가 유지해야 하는가의 문제도 사회 정의의 차원에서 접근할 수 있다. 사형제도가 과연 정의로운 사회를 만드는 데 유효한가 라는 식으로 질문을 제기할 수도 있고, 사형제도가 비록 그 사회를 정의롭게 만드는 데 기여할 수 있다 할지라도 인간이 인간의 생명을 빼앗는 것은 반인륜적이니 폐지해야 한다고 주장할 수도 있다.

진정한 의미에서의 비판 정신이란 무엇인가   건강한 시민 사회는 건강
한 비판 정신을 반드시 필요로 한다. 따라서 건강한 비판 정신
이 무엇을 의미하는지 정확히 이해해 둘 필요가 있다. 지식인
의 역할에 대해서 지식인은 사회에 실용적인 지식을 전달하는
것을 그 의무로 하는지, 아니면 지배 권력에 대항하면서 사회
정의 실현에 앞장서는 것이 더 중요한지, 진시황의 분서 갱유
의 의미는 무엇인지 등에 대하여 성찰해 두어라.

문화 상대주의와 민족 주체성   앞서 살펴본 인간의 다원성과 맞물
려 있는 주제이다. 지구상에 존재하는 상이한 문화들 사이에는
우열 관계가 존재하는지, 아니면 각기 나름대로 독특한 문화
형태를 지니고 있는 것인지 관련되는 글들을 읽고 자신의 생각
을 정리해 두어라.
민족 주체성에 대한 문제도 같은 관점에서 접근할 수 있고, 한
국의 전통 문화가 갖는 의미도 문화 다원주의의 입장에서 밝힐
수 있다. 또한 조선시대의 중화 사상에 입각한 사대주의와 관
련한 문제 및 요즈음 일고 있는 반미 정서의 문제 또한 같은
측면에서 접근할 수 있다.
문명 충돌이냐 문명 화합이냐의 문제, 참된 의미의 세계화란 무
엇인가 하는 문제도 결국은 같은 범주에 속하는 주제이며, 9.11
사태 또한 테러리즘과 반테러리즘의 문제 및 패권주의의 문제

를 거쳐 결국 문화적 공존의 길을 모색하는 문제로 귀착된다.

사회의 필요악에 대한 문제   인간 사회가 존재해 온 이래 폭력과 부패와 부도덕은 항시 존재해 왔다. 평화를 부르짖는 한편에서는 언제나 전쟁이 있어 왔고, 정의롭다고 여겨지는 사회에서도 부패는 존재해 왔으며, 한결같이 도덕적인 사회는 실제로 존재해 오지 않았다.

만일 그러한 주제가 출제되었을 때 평화와 정의를 옹호하는 도덕적인 글을 쓰기보다는 왜 그런 것이 인간 사회에 존재할 수밖에 없는지에 대한 성찰을 하라. 그리고 그러한 것이 존재하는 현상에서 인간 사회의 특성을 찾을 수 있다면, 여러분의 글은 깊이를 더하게 될 것이다. 필요악을 버리지 말고 필요악에 대하여 생각을 가다듬다 보면 깊이 있는 답을 구할 수 있을 것이다.

한 걸음 더 나아가 우리의 삶에서 실패는 왜 반드시 필요한가, 라고 실패의 의미에 대하여 묻는 문제가 나와도 비슷한 관점에서 접근할 수 있다.

✎ 인간을 둘러싸고 있는 환경과의 문제

과학은 과연 자연 정복의 결과로 발전해 왔는가   흔히 서양의 역사는 자연 정복의 역사이고, 동양의 역사는 자연과 화합해 온 역사라고 말한다. 그 결과 서양에서는 과학이 발전해 왔고, 동양은 그렇지 못하다는 것이 일반적인 생각이었다.

그러나 과연 그러한가? 한의학은 서양의학에 비하여 비과학적이고 뒤떨어진 것인가? 나름대로 과학적인 근거들을 지니고 있지 않은가? 반드시 성찰이 필요한 부분이다.

특히 언어 영역의 시험에서는 기존의 과학적 상식을 부정하는 첨단 신과학의 사고를 소개하는 지문이 많이 등장한다. 한 가지 예를 들면 서구의 첨단 과학은 자연을 정복의 대상으로 보았던 기존의 관점에 반박하면서 자연과 화합하는 관점이 낳은 과학이라는 주장의 글들도 보인다. 여러분이 독서를 통해 상식을 갖추어 놓아야 할 중요한 문제이다.

과학은 가치 중립적인가 과학은 객관적 진리를 추구하는 것을 그 목표로 하고 있다. 그래서 과학적 발명과 발견이 인간에게 어떤 영향력을 미칠 것인가를 미리 염두에 두면 과학의 발전은 불가능하다는 견해가 과학자들 편에서 자주 제기된다.

그러나 과연 그러한가? 더욱이 요즘은 생명 공학과 인간 복제의 문제, 바이오 테크와 인간 존재의 문제 등, 과학 기술의 발전이 인간의 존엄성을 해치는 것은 아닌가 하는 문제를 놓고 많은 논란이 벌어지고 있다. 반드시 한 번은 생각해 두어야 할 문제이다.

더 나아가 안락사 논쟁 또한 인간 생명의 의미와 함께 같은 범주에서 다루어질 수 있는 문제이다.

환경 운동은 어떻게 전개되어야 하는가 요즈음 환경 문제가 인류의 커다란 문제로 떠오르고 있다. 여러분도 환경 문제에 관심을 갖고 기본 지식을 갖추어 놓아라. 인간은 자연을 파괴하면서 공멸의 길로 들어서고 있다는 뻔한 관점보다는 환경 운동이 일어나게 된 사유의 기본이 무엇인가를 공부해 두어라. 또한 바람직한 환경 운동의 방향에 대하여 자신의 견해를 마련해 두어라.

과학과 철학과 종교, 과학과 비과학   과학과 철학은 진리 탐구를 그 목표로 한다. 종교 역시 인생의 궁극적 진리의 길을 탐구한다는 면에서 유사성이 있다. 그러나 과학과 철학과 종교는 엄연히 다르다. 그 셋이 어떻게 다른가를 탐구해 놓으면 인간이 세상에 대해 던지는 질문의 형태와 추구하는 의미가 어떻게 다른지 선명하게 드러날 수 있다.

또한 과학과 비과학을 어떻게 구분할 수 있는지에 대해서 생각해 두어라. 점이 횡행하는 요즈음의 현상도 같은 관점에서 접근하여 논의에 깊이를 주면 신선해진다.

첨단 과학, 어디까지 왔나   오늘날 과학은 눈부시게 발전하고 있다. 의학의 발전은 인간의 수명을 얼마든지 연장시킬 수 있다는 희망을 사람들에게 품게 한다. 과학의 발전이 인간이 가질 수 있는 기본 고민을 해결할 수 있는지 성찰해 두어라. 그런 글은 얼마든지 찾을 수 있다.

과학의 발전이 인간을 행복하게 할 수 있는가 하는 식으로 문제를 바꾸어 출제할 수도 있다. 곁들여 나노 기술이나 게놈 프로젝트 같은 유전자 공학들에 대한 기본 상식도 갖추어 놓아라.

현대 사회의 변화와 관련되는 문제

정보화 시대의 의미와 문제 현대는 정보화 시대 혹은 디지털 문화의 시대라고 한다. 정보화 시대의 의미를 단순히 다양한 정보의 소통과 공유가 가능해진 시대 정도로 소박하게 이해하지 말고, 정보화 시대가 가져온 변화의 의미 및 우리가 경계해야 할 점들에 대하여 기본적인 지식을 갖추어야 한다.

풍요로운 정보가 제공되는 것이 과연 우리에게 더 많은 정보를 자유롭게 제공하는 결과를 낳는지, 아니면 오히려 우리를 정보의 홍수에 휩싸여 갈피를 못 잡게 하는 것은 아닌지도 생각해 보아야 할 문제이며, 그렇게 수없이 제공되는 이미지와 정보에 능동적으로 대처할 수 있는 방법은 무엇일까 하는 것도 성찰해 놓는다면 관련 문제에 쉽게 적용할 수 있다.

한편 정보화의 진행에 따른 재택 근무의 확산 문제 등을 주제로 현대 사회의 특징에 대해 생각해 볼 수도 있다.

또한 정보화 시대는 대중 매체와 분리해 생각할 수 없으니 대중 매체가 주는 공과에 대해서도 일정한 견해를 갖추고 있어야 한다. 현대를 광고의 시대라고 하니 광고가 무엇인지 생각해 두는 것도 유익하다.

뿐만 아니라 영상 매체, 정보 매체의 발달은 우리를 가상 현실에 휩싸여 살게 한다. 가상 현실 속에서 겪게 되는 경험은 실제적인 체험과 어떻게 다른가에 대한 성찰 또한 필요하다.

불확실한 미래 흔히들 현대를 불확실성의 시대라고 이야기한다. 그것은 무엇을 의미하는가? 세상이 예측하기 힘들 정도로 급격히 변하기 때문에 현대를 불확실성의 시대라 일컫는가? 아니면 세상을 기계적인 합법칙성이 지배한다고 보던 사람들의 시선이 바뀐 것인가? 상당히 중요한 문제이다.

또한 그러한 시대를 살아가는 우리들의 가치관이나 인식은 어떻게 변화하고 있는가의 문제도 함께 생각해 두어야 한다.

여가와 현대 사회 확실히 요즈음은 예전과 달리 여가 생활의 중요성이 강조되고 있다. 더욱이 주 5일 근무제의 확산에 따라 바람직하게 여가를 보내는 방법이 사회적으로 큰 이슈가 되고 있다. 여가를 어떻게 보내는 것이 바람직하다고 생각하는지 평소에 의견을 정리해 놓아라. 여행의 의미에 대해서도 생각해 두고, 기타 사람의 취미가 주는 의미를 몇 가지 예를 들어 생각해 놓으면 좋을 것이다.

영상 시대와 책의 의미 현대는 영상 시대라고 지칭되기도 하며, 따라서 영화의 중요성이 차츰 강조되고 있다. 때문에 문자 시대와 영상 시대의 차이를 묻는 문제는 언제든지 출제될 수 있다. 소설과 영화 중에서 어느 것이 인간의 상상력을 더 자극하는가? 각기 상대방에 대하여 가지고 있는 장점과 단점은 무엇인가? 미리 생각해 놓으면 여러 가지로 변형된 문제에 대처할 수 있다.

현대와 인간 관계　자신의 아파트가 불타고 있을 때 그것을 함께 바라보면서 우리는 비로소 이웃을 만난다는 이야기가 있다. 현대 사회의 가장 부정적인 특징 중의 하나는 인간들이 서로 소외된 존재라는 것이다.

현대 사회의 어떤 면모가 인간 관계를 소원하게 만든다고 보는가? 현대 사회의 변화를 받아들이면서 인간 관계를 회복하는 방법은 무엇일까?

현대를 살아가는 사람들이라면 당연히 던져 보아야 할 질문이다. 비슷한 문제로는 핵가족화에 따른 가정의 위기 문제를 다루는 주제도 있을 수 있다.

논술 공부에서 중요한 것은 지식으로 가득 찬 사람이 되는 것이 아니라 잘 함양되고 도야된 머리를 갖는 것이다. 자신이 배운 것을 소화해서 자신의 것으로 변형시키는 능력이 중요하다.

위의 주제들에 대해 주입적인 지식만을 암기하려 들지 말고, 자신의 시각으로 세상을 바라볼 수 있도록 하자!!

논술비법

초판발행 2003년 10월 10일
3쇄발행 2006년 11월 15일
지은이 진형준
펴낸이 심만수
펴낸곳 (주)살림출판사
출판등록 1989년 11월 1일 제9-210호

주소 413-756 경기도 파주시 교하읍 문발리 파주출판도시 522-2
전화번호 영업·(031)955-1350
            기획·(031)955-1369
            편집·(031)955-1362
팩스 (031)955-1355
이메일 salleem@chol.com
홈페이지 http://www.sallimbooks.com

ISBN 89-522-0140-X 03710

값 7,800원